L'ESCRIME

DANS LES

UNIVERSITÉS

ALLEMANDES

D'APRÈS

LUDWIG CAESAR ROUX

Fried. SCHULZE, W. FEHN, etc.

PAR

LE COLONEL FIX

PARIS
LIBRAIRIE MILITAIRE DE L. BAUDOIN
IMPRIMEUR-ÉDITEUR
30, Rue et Passage Dauphine, 30

1896

L'ESCRIME

DANS LES

UNIVERSITÉS

ALLEMANDES

TOUS DROITS RÉSERVÉS

PARIS. — IMPRIMERIE L. BAUDOIN, 2, RUE CHRISTINE

L'ESCRIME

DANS LES

UNIVERSITÉS

ALLEMANDES

D'APRÈS

LUDWIG CAESAR ROUX

FRIED. SCHULZE, W FEHN, ETC.

PAR

LE COLONEL FIX

PARIS
LIBRAIRIE MILITAIRE DE L. BAUDOIN
IMPRIMEUR-ÉDITEUR
30, Rue et Passage Dauphine, 30
—
1895

AVANT-PROPOS

I

L'escrime à l'Épée restera, sans conteste, le plus élégant, le plus noble des exercices auxquels les armes aient donné naissance; elle a son domicile préféré dans notre patrie, et j'espère bien qu'elle ne cessera jamais d'y briller. Mais, noblesse oblige, il ne lui est permis de rien ignorer, de rien dédaigner, et l'escrime allemande, exécutée d'une façon rationnelle, présente un intérêt considérable à tous égards.

On a souvent décrit, d'une façon générale, le duel en usage parmi les étudiants d'outre-Rhin, duel admis, réglementé, on pourrait dire recommandé, obéissant à des coutumes et à un code; cela lui a valu d'être diversement jugé. Il ne faut pas s'y méprendre, toutes les institutions allemandes se rattachent de près ou de loin à l'éducation de l'homme, jusqu'à sa plus haute culture; quand elles ont été maintenues, par la nation même, avec un soin jaloux, c'est parce qu'elles ont été l'objet d'épreuves et d'examens multipliés et profonds, d'où elles sont sorties plus fermes que jamais. Bonnes ou mauvaises, elles sont enracinées, et par là, elles exercent une influence capitale sur l'avenir et sur l'esprit de ceux qui y sont soumis. Les " Comment ", associations d'étudiants, avec codes de duel, sont du nombre. Les castes militaires, dont la vitalité est encore si grande, y retrempent leurs traditions comme à une source sainte, et inspirent aux hommes classés en dehors d'elles, un respect ou une émulation qu'on ne devrait pas commettre la faute de considérer avec dédain.

La persistance avec laquelle l'escrime à la rapière se maintient dans tous les pays de culture allemande, Empire d'Allemagne, Autriche, Lithuanie, Pologne, Suisse, etc., mérite qu'on cherche à se l'expliquer. L'épée fait des blessures au corps, souvent terribles, rarement apparentes. Savoir se faire « crever la peau » est bien, mais ne point s'en faire honneur est plus difficile et, balafre pour balafre, autant celle au visage; elle enlaidit rarement son homme, mais marque toujours son courage.

De là, à rendre la surface de la tête seule vulnérable et à réglementer les coups, il y avait un chemin naturel que les « coutumes » se sont chargées de tracer, en conservant l'allure féodale qui leur est chère.

Mais du moment où le tranchant de la rapière, qui n'est souvent émoulu que dans le voisinage de la pointe, menaçait avant tout la tête de l'adversaire, il fallait, pour protéger en même temps la sienne, élever la main plus que la pointe. De là est née : la garde suspendue (die verhangene Auslage), expression à laquelle j'ai substitué celle de : GARDE POINTE ABATTUE. L'escrime en garde pointe abattue, dans sa violence, est un exercice admirable pour assouplir, développer et fortifier le poignet et le bras. Elle comporte des principes réguliers et invariables, issus de ceux de l'escrime générale, qu'un observateur superficiel peut seul lui contester. Enfin, elle forme la base de l'escrime en GARDE POINTE HAUTE, au sabre, et de celle à la pointe et au tranchant, d'estoc et de taille, cultivée aussi régulièrement par les officiers allemands que celle à l'épée par les officiers français.

Je ne l'examinerai pas au point de vue du duel, parce qu'elle a été amenée progressivement à être surtout une préparation à ce duel. Or le duel d'étudiants (Pauk) n'est guère qu'une soupape de sûreté accordée à l'humeur colère et querelleuse, peut-être une satisfaction donnée au besoin de pose, de l'Allemand. C'est le duel « à responsabilité limitée », c'est une assurance, à la fois contre les atteintes à l'honneur et contre les blessures graves, à laquelle on cesse de payer une prime, quand, au sortir de l'Université, une première bouffée d'atmosphère philistine pénètre dans des poumons jusqu'alors gonflés par le besoin de " Renommiren ". Le temps passé dans les Universités est donc aussi utilisé, comme on le verra par le récit de trois duels, pour mettre à l'épreuve le courage et l'endurance de l'homme, exalter son esprit militaire, et peut-être aussi pour reléguer le duel au rang des autres écarts de jeunesse. Le moraliste ne se refusera pas à trouver que ce combat aux moulinements retentissants, mais néanmoins dosés dans leurs effets, a du bon, comparé à notre duel si sèchement aigu, si implacable, que l'excès même des dangers qu'il présente le fait entourer d'un luxe inouï de précautions formalistes.

J'ai pu remonter assez loin dans les origines de l'escrime des Allemands, grâce à une collection composée de la fleur des livres rares et précieux sur la science des armes. Elle avait été rassemblée avec amour par un érudit et un tireur de premier mérite, feu mon excellent ami le baron E. Fain, qui se proposait d'écrire une histoire générale de l'escrime : il avait déjà mis la main à l'œuvre, lorsqu'une mort prématurée est venue le surprendre. En Allemagne, les ouvrages originaux sur l'escrime paraissent avoir été, jusqu'à la fin du XVIIIe siècle, beaucoup moins nombreux qu'en Italie et en France. Le XVIᵉ siècle n'en offre que deux : le premier, devenu très rare, fût publié en 1529 par Hans Lebkommer, à Francfort-sur-le-Mein ; le second, dont j'ai sous les yeux l'édition originale, de beaucoup la meilleure, a été donné par Meyer en 1570 ; il est intitulé : Gründliche Beschreibung der freien ritterlichen und adelichen Kunst des Fechtens, durch J. Meyer, Freyfechter zu Strassburg. *Description approfondie de l'art libre, chevaleresque et noble de l'escrime*, par J. Meyer, maître d'escrime à Strasbourg. Cet ouvrage est, de tous, le plus important, le plus beau et le mieux fait. Les figures sont d'un dessin à la fois correct et élégant, et complètent heureusement des descriptions de tous les genres d'escrime en usage au XVIᵉ siècle. C'est d'abord l'épée droite à deux mains ; puis le dusack (tusack, en slave, combattre), sorte de sabre court, percé d'une simple ouverture allongée, dans laquelle s'engageait la main pour le saisir. Il est très remarquable que la mise en garde, avec le dusack, ait lieu la pointe basse et la main très haute, précisément comme dans la garde actuelle des Universités. De même les coups bas sont donnés comme maintenant, de bas en haut, la main haute, avec cette différence que l'objectif, divisé aussi en huit sections, au lieu de se limiter à la tête, comprend également le tronc, ce qui est encore en usage dans quelques " Comment ". La fente est admise. C'est donc à cette escrime qu'il faut faire remonter celle des étudiants modernes.

A la suite de l'escrime au dusack se trouve celle à la rapière espagnole qui, plus tard, se transformera en rapière de Gœttingue. Souvent la main s'élève beaucoup. De même que dans l'ancienne école italienne, le bras est toujours allongé ; l'épaule est le centre des mouvements de rotation. Dans l'escrime moderne des Universités, le bras restera allongé, mais le centre de rotation se déplacera et quittera l'épaule, sans toutefois l'immobiliser, pour se fixer au poignet. Meyer termine en exposant toutes les règles de la lutte humaine individuelle, sans armes et avec des armes de diverses sortes. Ses figures donnent une idée de l'effroyable brutalité qu'on y apportait alors.

Un autre ouvrage, faisant autorité, a été publié à Francfort, en 1612, par Sutor. Il me paraît au-dessous de sa réputation. Sutor, non seulement est de l'école de Meyer, mais il est en grande partie son copiste. On peut s'en assurer par ses figures, qui reproduisent dans le même ordre toutes celles de son devancier, moins l'élégance et la correction du dessin, et sans les personnages accessoires et les belles perspectives qui font la richesse des gravures de Meyer. Sutor, toutefois, a contribué à faire pénétrer en Allemagne les méthodes italiennes qui, au XVIIe siècle, ont eu dans ce pays le monopole de la littérature de l'escrime. Au siècle suivant, l'art français, qui s'y était déjà introduit avec le célèbre L'Ange de Heidelberg, se substitua définitivement à celui des Italiens. On trouve toute une série de noms français, depuis Jamain de Beaupré, maître d'armes de l'Université de Ingolstadt, jusqu'à Joseph Duval, professeur à Munich, en 1822. Certains ouvrages de ces maîtres ont même été écrits en français, comme par exemple celui de Saint-Martin, professeur à Vienne, et dédié à l'archiduc Charles, en 1804.

Malgré cela, l'escrime à la pointe ne s'est jamais sérieusement acclimatée en Allemagne. Au XVIIIe siècle, le descendant d'une famille de maîtres, Wilhelm Kreussler, essaya d'en dégager un art national, et lui donna momentanément un véritable éclat, puis elle retomba dans l'oubli, en dépit des efforts de Friedrich Kahn, en 1761, et de différents autres professeurs, dont le dernier fut, en 1849 et 1857, W.-L. Roux, qui reconnaît la finesse et la supériorité du jeu de l'épée. L'escrime à l'épée, au dire des adeptes qu'elle réunit de l'autre côté du Rhin, est la seule qui convienne aux artistes, aux médecins et à tous ceux qui ont besoin de prendre de l'exercice, et en même temps de conserver à leurs doigts le tact subtil et sûr que les efforts violents détruisent. A l'heure actuelle, l'Allemand qui tire l'épée se met en garde, en creusant la hanche droite, le bras très allongé et la main gauche placée sur le côté gauche de la poitrine. La monture de l'épée est celle à cloche, moins la branche qui enveloppe la main, et la tenue est la même.

On doit conclure de ce qui précède, que l'escrime à la taille n'a jamais cessé d'être en possession des véritables préférences des Universités. C'est à ce titre que l'ouvrage de Sutor, qui établit le lien entre l'escrime d'il y a quatre siècles et les procédés modernes des étudiants, me paraît avoir de l'intérêt. Comme il a été réimprimé en 1849, à Stuttgard, par Scheible, il n'est pas très difficile de se le procurer.

II

Pendant mon séjour forcé à Breslau, depuis le mois de novembre 1870 jusqu'à la fin de mars 1871, j'eus la curiosité d'apprendre l'escrime à la rapière. Je m'adressai au maître d'armes de l'Université, un Saxon, auquel la guerre créait des loisirs, puisque tous les étudiants étaient partis. Je cherchai ensuite un traité écrit pour raisonner ma pratique, mais, soit que je m'y fusse mal pris, soit que je n'eusse pas poussé assez loin mes investigations auprès des libraires, je ne trouvai rien. Dernièrement j'eus la pensée d'y revenir, et je pus me procurer quatre traités assez récents, qui me parurent, après en avoir vu quelques autres, les mieux appropriés au petit travail que je méditais.

L'ouvrage dont j'ai tiré toute la substance du mien, et dont l'auteur a bien voulu m'accorder le droit de traduction, est celui de M. le professeur L.-C. Roux :

Die Hiebfechtkunst. Eine Anleitung zum Lehren und Erlernen der Hiebfechtkunst aus der verhangenen und steilen Auslage, mit Berücksichtigung des akademischen Comments, von Ludwig-Cæsar Roux, Fechtmeister an der Kœniglichen Sæchsischen Universitæt zu Leipzig. Iena, Hermann Pohle, 1889. Zweite Auflage. in-8°. *L'art de l'escrime à la rapière et au sabre, suivant les coutumes universitaires*, par Louis-César Roux, professeur d'escrime à l'Université de Leipzig. Iena. Pohle. 1889. Un volume grand in-8° de 120 p. et XXIV pl., 2° édition.

L.-C. Roux est incontestablement l'héritier de traditions françaises, et l'on démêle à la finesse du jeu qu'il recommande les traces que l'ÉPÉE a laissées dans une longue lignée d'escrime remontant à plus de deux cents ans. Il donne dans sa préface une liste d'ouvrages qui en dit trop à ce sujet pour que je ne la reproduise pas, en abrégeant toutefois les titres :

L'Escrime à la pointe, par H.-F. Roux, professeur de français à Iéna. 1786.

L'Escrime allemande, par le même. Iéna, 1786.

Principes d'escrime, par le Dr J.-A.-K. Roux, professeur d'escrime et de gymnastique à l'Université d'Erlangen. Leipzig. 1799.

L'Escrime allemande, par le même. Erlangen. 1803.

Méthode d'escrime fondée sur des principes physiques et mathématiques, par le Dr J.-W. Roux, professeur de mathématiques et d'escrime à l'Institut des pages de Gotha. Iéna, 1808.

L'Escrime allemande, avec une instruction théorique et pratique sur la pointe, par le Dr J.-A.-K. Roux. Leipzig, 1817.

Un mot sur les exercices du corps, par le même, Erlangen, 1820.

De l'Escrime allemande, au point de vue du duel, de ses dangers, de sa limitation et de l'enseignement dans les Universités, œuvre posthume du Dr J.-A.-C. Roux, publiée par son fils, F.-A.-W.-L. Roux, professeur d'escrime à l'Université d'Iéna. Erfurt, 1841.

Instruction pour l'escrime avec des armes droites ou courbes, par F.-A.-W.-L. Roux, professeur à l'Université d'Iéna. Iéna, 1840. 2e édition, 1849.

La Pointe, d'après Kreussler, à l'usage des Universités et des Écoles militaires, basée sur des principes mathématiques, par le même. Iéna, 1849. 2e édition, 1857.

Le livre du duel, par le même, avec six photographies. Iéna, 1857. 2e édition, 1867. L'auteur y examine le duel, non seulement au point de vue de l'art de l'escrime, dont il établit préalablement les principes, mais encore à celui des pratiques vicieuses ou blâmables qui s'y sont introduites.

Ces ouvrages ne sont pas tous mentionnés dans la Bibliographie de l'escrime, publiée à Florence en 1892, par Jacopo Gelli.

A proprement parler, ce n'est pas une traduction que j'ai faite; j'ai condensé certains passages contenant des considérations qui ne sont pas plus spéciales à l'escrime allemande qu'à toute autre; je me suis permis de transposer une discussion sur les rapières et de la placer en un lieu plus avancé du traité, où elle m'a paru devoir être beaucoup plus intelligible pour les lecteurs français. En revanche, je me suis tenu aussi près du texte qu'il m'a été possible, toutes les fois qu'il s'est agi d'explications de mouvements, ou bien lorsque j'ai craint, en abrégeant, de ne pas rendre très exactement la pensée de l'auteur qui se confiait à moi.

D'un autre côté, j'ai ajouté ou intercalé, en citant soigneusement les sources, des passages d'auteurs qui m'ont semblé compléter L.-C. Roux, ou bien en différer. Ce n'est pas même un commentaire, c'est une simple juxtaposition à laquelle je me suis bien gardé d'ajouter une opinion quelconque. J'ai également emprunté aux mêmes auteurs leurs figures, afin de réunir tout ce qui pouvait contribuer à la clarté du texte.

A la fin de son traité, L.-C. Roux donne l'escrime en garde pointe haute, à titre de corollaire de celle en garde pointe abattue, qu'il a présentée comme la base indispensable à tout bon tireur.

L'escrime à la rapière s'exécute donc de deux façons; mais, en règle générale, on n'adopte la garde pointe haute que lorsque l'on se sert de rapières à lames courbes, que par abréviation j'ai appelées sabres. Bien que plusieurs maîtres, autres que Roux, tels que, Schulze, Fehn, etc., se soient occupés de l'escrime au sabre dans des traités spéciaux, j'ai suivi uniquement L.-C. Roux; les différences que j'aurais pu signaler dans la façon dont l'on s'y prend pour porter les coups et pour les parer étant sans importance.

Selon L.-C. Roux, l'escrime pointe abattue possède d'inappréciables avantages pour la protection du corps entier. Cette manière de voir nous reporte aussitôt à la description que fait Meyer de l'escrime au dusack, et fournit un argument de plus à l'opinion que l'influence des méthodes allemandes d'il y a quatre cents ans est toujours vivace.

L.-C. Roux déclare dans sa préface qu'il n'a pas entendu se limiter à un traité spécial à l'escrime des étudiants, bien qu'il ait mentionné les coutumes, les conventions, les restrictions qui s'opposent à ce que les duels universitaires ne deviennent meurtriers; il espère qu'ayant ajouté les règles de l'escrime pointe haute à celles de l'escrime pointe abattue, il sera utile également aux officiers de l'armée et à toute la jeunesse qui se destine à porter les armes.

L.-C. Roux a donné également un traité de l'escrime d'estoc et de taille, mais je n'ai pas cru devoir m'en occuper; cela sortait de mon cadre et n'apportait rien de bien nouveau à une partie de l'art poussé en France aussi loin que celui de la pointe.

Le premier ouvrage qui me soit arrivé entre les mains est intitulé : Deutsche Hiebfechtschule für Korb-und Glockenrapier herausgegeben vom Verein deutscher Universitætsfechtmeister. Leipzig, J.-J. Weber, 1887, in-12. *Manuel pour l'enseignement de l'escrime, à l'usage des Universités allemandes*, rédigé par l'association des professeurs d'escrime. Leipzig, Weber, 1887, 1 vol. in-12 de 95 pages, accompagnées de 24 planches. Il se compose de deux parties; la seconde est exclusivement réservée au jeu du gaucher contre le droitier. Il est signé par les professeurs de treize Universités, parmi lesquels : Pfeifer, de Breslau; Fr.-A.-W.-L. Roux, d'Iéna; L.-C. Roux, de Leipzig; Grüneklee, de Gœttingue, président de l'association des maîtres d'armes. Les autres sont : G. Agatha, de Wurtzbourg; H. Brandt, de Kiel; C. Domino, de Tubingue; H.-W. Erich, de Bonn; G.-Chr. Harms, de Marbourg; Dr G. Keppner, de Kœnigsberg; G. Lœbeling, de Halle; C. Meyenberg, de Fribourg; J. Neumann, de Berlin.

Ce Manuel m'ayant paru bien fait, j'avais eu tout d'abord la pensée de le traduire, en le complétant par des développements puisés dans les autres auteurs. Mais je ne tardai pas à m'apercevoir que cela m'entraînerait à des remaniements de textes au-dessus de mes forces, qui me jetteraient infailliblement dans de nombreuses erreurs. Je fus conduit alors à prendre l'ouvrage de L.-C. Roux et à en faire l'usage que j'ai dit. Je n'ai guère eu que les figures à emprunter au Manuel, dont la rédaction, comme on le verra plus loin, doit être également attribuée à L.-C. Roux.

Presque en même temps que le Manuel, je reçus : Das Kommentmæssige Fechten mit dem deutschen Haurapier, von W. Fehn, Ritter p. p., Kaiserl. Universitæts-Fechtmeister. Strasburg i. E. Schultz. 1885, in-8° (*L'Escrime des étudiants avec la rapière allemande*, par W. Fehn, Ritter p. p., professeur d'escrime de l'Université impériale de Strasbourg, br. in-8° de 28 pages et 24 fig. au trait, d'après des photographies. Strasbourg, Schultz, 1885). W. Fehn rappelle qu'il est fils de professeur d'escrime, et professeur lui-même depuis vingt ans.

« En août 1884. dit-il dans sa préface. de nombreux maîtres d'Universités se réunirent à Francfort pour y tenir conseil. Il n'était que temps de porter remède à la décadence de l'art, car il n'est pas douteux que tant de faces balafrées, dans certaines associations d'étudiants, résultat de ferraillements désordonnés, n'engagent beaucoup de familles à détourner leurs enfants de l'escrime ; de plus, l'enseignement est souvent confié à des hommes qui se sont improvisés maîtres tandis qu'ils n'auraient pas dû cesser de rester élèves. A l'issue des séances, on me confia la rédaction d'une Instruction ».

L'opuscule de Fehn m'a semblé clair. concis et. quoique moins méthodique que le Manuel, on y sent le praticien consommé. J'apprécie surtout les figures qui, au lieu d'être présentées de face. comme d'habitude. le sont de profil, ce qui aide beaucoup à comprendre les explications. Je dois à la complaisance de l'éditeur d'avoir pu les reproduire.

Après avoir lu ce qu'a écrit W. Fehn, au sujet de la rédaction dont on l'avait chargé, je m'étonnai de n'avoir pas trouvé son nom parmi ceux des professeurs d'escrime signataires du Manuel. En voici l'explication, telle que je la tiens de M. le professeur L.-C. Roux, de l'Université de Leipzig.

« Depuis un certain nombre d'années, l'escrime des étudiants était menacée de décadence à ce point qu'une interpellation eut lieu à son sujet, et le Ministre des cultes d'alors, M. de Gossler, fut amené à prononcer les paroles suivantes : « Je sou-
« haite comme vous, que les duels universitaires soient à l'avenir
« des combats académiquement corrects ; ce sera une garantie
« contre les batailles emportées, sans mesure, sans fin, qui ont
« malheureusement lieu maintenant ». L'approbation que la Chambre accorda au vœu du Ministre fut considérée par les maîtres d'armes comme un vote de blâme les atteignant tous. En conséquence, ceux d'entre eux qui enseignaient consciencieusement leur art et ne le considéraient pas uniquement comme une « vache à lait », résolurent de fonder une association des « professeurs d'escrime allemands ». Leur but était l'encouragement et le perfectionnement de leur science dans ses différentes branches. On devait, entre autres, donner aux jeunes gens qui se prépareraient à embrasser la profession de maîtres, le moyen d'obtenir un brevet, en se présentant à l'examen d'un jury de professeurs, afin d'assurer de bonnes méthodes pour l'avenir.

« Je m'associai sans réserve à ce projet, dont j'appréciais toute l'importance. Malheureusement, je dus, pour des raisons de famille, quitter inopinément Francfort-sur-le-Mein, où la première réunion eut lieu en 1884, et je fus hors d'état de tenir les engagements que j'avais contractés. C'est alors que feu mon honorable collègue, professeur à Strasbourg, William

Fehn, qui avait pris une part très active aux discussions, fut désigné pour rédiger un projet d'Instruction. Ce projet devait être soumis au congrès de tous les maîtres d'escrime appelés à se réunir en assemblée plénière à Berlin en 1885. Si l'on s'y trouvait d'accord, comme on était en droit de l'espérer, on aurait aussitôt possédé une sorte de catéchisme de l'escrime.

« Fehn dépassa son mandat et apporta son travail, empreint d'ailleurs d'un caractère peut-être un peu trop personnel, tout imprimé, comme s'il n'eût point douté de l'approbation de ses collègues. Il en résulta de leur part un mécontentement très vif, des critiques; bref, l'œuvre de Fehn fut repoussée, de telle sorte qu'il donna sa démission. Il mourut peu après. En 1885, au congrès de Berlin, comme je me trouvais en parfaite communion d'idées avec la plupart des membres qui y assistaient, parmi lesquels se trouvait le professeur Schulze, je fus chargé de la rédaction d'un Manuel, que je devais présenter à l'assemblée qui se tiendrait l'année suivante à Leipzig. »

C'est celui qui fut adopté et dont le titre a été donné plus haut.

Le quatrième ouvrage que j'ai consulté, est dû à M. le professeur Fried. Schulze, dont le nom ne se trouve pas non plus dans le Manuel : Die Fechtkunst mit dem Hau-Rapier, von Fried. Schulze, academ. Fechtlehrer an der Grossh. Bad. Universitæt. Heidelberg, Otto Petters, 1885, in-8°. *L'Art de l'escrime*, par Fr. Schulze, professeur d'escrime à l'Université de Heidelberg, br. gr. in-12 de 62 pages, avec cinq planches photographiées. Heidelberg, Otto Petters, 1885. F. Schulze est aussi une tête de colonne. Il rappelle que son père a enseigné l'escrime pendant vingt ans à Gœttingue, Iéna, Münster, et pendant trente ans, à Munich, et qu'il était élève de Kastropp, de Gœttingue, une des illustrations de la rapière. F. Schulze « se défend de la pré-

« tention de faire mieux que ses prédécesseurs, et encore plus
« de vouloir les critiquer, suivant la mauvaise habitude de la
« plupart des auteurs ». Il déclare que l'escrime est le plus
noble des exercices et le plus salutaire, mais qu'il ne doit être
étudié et pratiqué, ni uniquement comme gymnastique, ni uniquement en vue du duel à outrance. « Le duel, d'ailleurs, dit-il, grâce aux précautions que l'on prend, n'est pas si dangereux qu'on pourrait le croire. S'il est parfois suivi d'un malheur, c'est la plupart du temps la faute de celui qui en est victime. Ou il n'aura pas observé la diète indispensable, ou il aura trop bu après le combat, ou il se sera livré à quelque écart de régime qui aura eu une inflammation pour conséquence. »

Il nous présente l'étudiant pressé qui, après le cours universitaire réglementaire de six semaines, mettons deux mois, s'escrime à l'assaut et ne tarde pas à se croire en état d'aller se mesurer pour de bon sur le terrain. Il plaisante ensuite l'étudiant duelliste qui va chercher la botte infaillible dans toutes les salles d'armes dirigées par des fiers à bras, espèces d'entraîneurs (Einpauker), qui se sont fait une spécialité du duel d'étudiants. Et toutes les fois que ce querelleur endurci croit avoir trouvé la « vraie » il veut l'appliquer, et il s'en revient avec une balafre de plus.

Le traité de F. Schulze se recommande par une allure très vive, un style facile, quelque chose à l'usage des gens du monde. Un peu trop abrégé, il contient sur l'escrime allemande des considérations générales très justes, et se termine par le récit détaillé de trois duels, de gravité différente. Le plus intéressant a été habilement photographié au bon moment, par MM. Pauli et Cie. L'éditeur a bien voulu, à titre gracieux, m'autoriser à reproduire la planche.

Dans tous les ouvrages, une large part est faite au gaucher

(Linkser), et tous les maîtres paraissent tirer des deux mains. Il ne faudrait pas induire de là, comme le fait observer F. Schulze, qu'en Allemagne il y ait plus de gauchers qu'ailleurs, mais beaucoup de personnes attachent de l'importance à exercer les deux bras. Du reste, le combat de gaucher contre gaucher est le symétrique de celui de droitier contre droitier. Dans celui de gaucher contre droitier, le nombre des coups réellement particuliers est limité, et les autres peuvent être déduits, par analogie, de ceux de droitier contre droitier.

Les figures de Roux, et aussi je crois celles du Manuel, celles de Fehn et celles de Schulze, sont dessinées d'après des photographies. Les dernières donnent des types très différents des premières. Comme les unes et les autres représentent des professeurs de père en fils, elles sont très intéressantes à comparer au point de vue de la formation des écoles d'escrime, de leurs traditions et de leurs tendances.

Quant à la terminologie de la salle d'armes allemande, entremêlée d'expressions d'étudiants, j'avoue que j'ai souvent été très embarrassé pour trouver les équivalents français. Je me suis tiré d'affaire en mettant chaque fois le terme allemand en regard du mot que je choisissais. Je remarquerai de plus, à propos des récits de duels qui se trouvent à la fin du volume, qu'en français nous ne disposons guère que des expressions : duel, combat singulier, rencontre, lutte, affaire d'honneur, s'aligner, aller sur le terrain, en somme, peu précises, excepté la première. L'allemand, au contraire, possède, surtout dans le langage des étudiants, une grande variété de termes pour exprimer toutes les nuances de gravité des combats à main armée, depuis celui qui ne diffère pas beaucoup d'un simple pugilat, jusqu'au duel à mort.

Les personnes que pourraient intéresser les mœurs des Uni=

versités allemandes dont l'influence sociale reste encore si considérable, en trouveront un intéressant tableau historique s'étendant du XV⁰ siècle jusqu'à nos jours, dans un opuscule de M. Davesiès de Pontès, publié en 1869, chez Amyot, et dans neuf correspondances adressées, du 13 décembre 1889 au 8 juillet 1890, au journal le *Temps*, sous ce titre : « Un semestre à Berlin ». On n'a pas à faire grand effort pour y démêler, à travers des changements de surface, la permanence de la rudesse originelle; M. Schulze, un observateur bien placé, ne s'est pas gêné, comme on l'a vu plus haut, pour y faire une allusion rappelant ce qu'a écrit Tacite :

« Boire des journées et des nuits entières, n'est une honte « pour personne. L'ivresse produit des querelles fréquentes, « qui se bornent rarement aux injures. (*Mœurs des Germains*. XXII). »

Que les maîtres en escrime veuillent bien, en considération des difficultés de ma tâche, me permettre de solliciter, en terminant, toute leur indulgence pour les erreurs que j'ai pu commettre.

TH. FIX.

L'ESCRIME
À
LA RAPIÈRE

LES ARMES ET LES ÉQUIPEMENTS

LES RAPIÈRES

1. Conditions que les rapières doivent remplir.

Lorsque l'on veut exercer un art, il est d'abord indispensable de bien connaître la construction du matériel dont on aura à faire l'emploi. Nous commencerons donc par étudier la rapière.

La rapière (Rappier, Haurapier, Hieber, Speer, Schlæger), destinée à des mouvements et à des chocs violents, doit avant tout être solide, mais il ne faut pas que, pour assurer sa solidité, on en augmente trop le poids, parce qu'alors elle cesserait d'être maniable. La monture doit permettre une étreinte assurée et bien protéger le poing. Le centre de gravité sera aussi près que possible de la main du tireur.

Le poids total de l'arme sera proportionné à la vigueur de l'élève; on se tromperait singulièrement si on lui faisait commencer l'escrime avec une rapière trop lourde, dans l'espoir d'augmenter plus vite la force de son poignet. On n'arriverait qu'à fausser ses mouvements et à lui donner de la raideur. Cependant, il faut rejeter les montures par trop primitives, parce qu'elles ne protègent suffisamment, ni pour la défense ni pour l'attaque.

Il y a deux sortes de rapières : la rapière à cloche ou à coquille (Glockenrappier), et la rapière à panier ou à grille (Korbrappier), qui tirent leurs noms du genre de leurs montures (Gefæss).

2. La lame.

Il convient que la lame (Klinge) soit de bon acier, ni trop dur, ni trop doux; que, sans être molle, elle soit parfaitement élastique, amincie et rétrécie vers le bout, qui ne doit être ni pointu ni effilé, mais plutôt arrondi, afin qu'il ne puisse pénétrer dans le masque.

Il y a trois espèces de lames : les droites, les courbes et les demi-courbes. Il sera donné des explications spéciales sur ces deux dernières à propos de l'escrime au sabre. Les mêmes lames reçoivent indifféremment les montures de l'une ou de l'autre sorte.

En général, selon Schulze, les étudiants n'aiment pas les lames courbes, parce qu'elles exigent trop d'efforts.

Les lames droites émoussées, en usage, ont une longeur de 85 centimètres, y compris la soie (Angel), une largeur de 11 à 16 millimètres et un poids minimum de 320 grammes.

3. La monture à cloche.

La monture de la rapière à cloche (*fig.* 1) se divise en poignée (Griff), qu'on pourrait aussi appeler fusée, et en une garde de fer ou d'acier affectant la forme d'une cloche évasée. Celle-ci a un diamètre de 130 millimètres et une profondeur de 45 millimètres, assez grande pour que la jointure du doigt indicateur qui va s'y loger avec le pouce ne puisse être heurtée par le fond, comme cela arrive lorsque cette cloche ou coquille

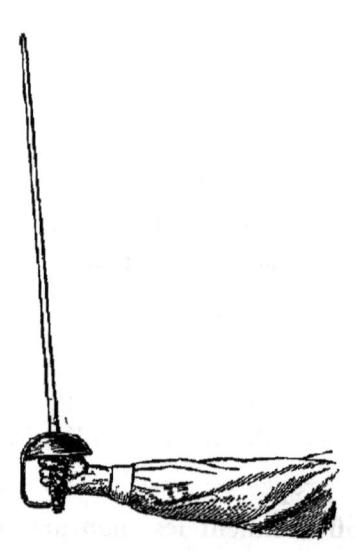

1. Rapière à cloche.

est trop surbaissée. Les deux bords sont réunis par une tige ronde, en fer poli, de 8 millimètres de diamètre, que l'on nomme pontet (Steg). Il est assemblé à la cloche par une douille qui prolonge la poignée et traverse la cloche au-dessus de laquelle

elle est rivée à une sorte de chape. Celle-ci se continue en une boucle (Bügel) ou branche, qui revient en arrière, jette un œilleton sur l'extrémité de la soie, et y est solidement maintenue par l'écrou qui se visse sur cette dernière. Dans l'intérieur, entre la poignée et le pontet, se trouve une languette de peau souple, que l'on interpose entre le dessous de l'index et le pontet, en prenant l'arme. La poignée ne doit pas être trop forte, ce qui fatiguerait extrèmement les doigts : l'important, c'est que, droite ou légèrement arquée, et de section ovale, elle s'ajuste bien à la main. On y aide beaucoup en la recouvrant de peau de poisson.

Le poids total d'une rapière à cloche, y compris la monture, est d'environ 875 grammes.

4. La monture à panier.

La monture de la rapière à panier (*fig.* 2) consiste en une platine (Scheibe) cintrée, placée devant le poing, en avant des jointures des doigts; elle se prolonge en une boucle ou branche principale (Bügel), qui rejoint le pommeau (Knopf) après s'être développée en volute autour de la poignée. Le pommeau, dit Fehn, doit avoir des angles arrondis afin de ménager le gant. La platine donne encore naissance à deux autres branches qui se courbent également et enveloppent le côté droit et le côté gauche de la main. La poignée est longue de 135 millimètres. Il n'y a pas de pontet, mais près de la platine est fixé un œillet (Schlinge, Schleife) en bon cuir de veau, qui doit être maintenu en parfait état et bien ajusté. Il est assez large pour que l'on puisse y introduire le doigt indicateur de la main revêtue du gant d'escrime. La poignée, un peu plus forte du côté de la courroie, parce que la soie y est plus grosse, n'est pas tout à fait droite, elle s'infléchit légèrement en dehors, et elle n'est ovale qu'à partir de son milieu. Au-dessus, la face sur laquelle s'applique le pouce est lisse. L'inflexion de la poignée est nécessitée par celle que l'on donne à la soie du côté du tranchant pour que le coup ait plus « d'abat », ce qui naturellement ne veut pas dire que l'on doive se laisser entraîner lorsqu'on le porte.

2. Rapière à panier.

Quelquefois on renforce la platine par une pièce nommée noix. Quelquefois aussi, pour mieux protéger le poing, on fait passer sous le petit doigt une branche dite de tierce, et même encore une branche dite de quarte, en vue des coups de tierce et de quarte; mais elles n'ont qu'une utilité contestable, car cet excès de protection alourdit la monture et contrarie les mouvements. En aucun cas, les branches ne doivent imposer de gêne à la main. Le poids moyen d'une rapière à panier est de 937 grammes. Le centre de gravité doit se trouver au talon de la lame.

La rapière à panier est aussi appelée rapière de Gœttingue.

Les armes des gauchers ne sont pas identiques à celles des droitiers; elles leur sont symétriques.

LES ÉQUIPEMENTS PROTECTEURS

5. Objet et espèce des équipements.

L'escrime à la rapière ayant un caractère violent, elle ne peut s'exécuter sans des équipements protecteurs beaucoup plus complets que ceux que l'on emploie pour l'épée. Bien plus, dans le duel des étudiants, il n'est permis de toucher que certaines parties du corps, de sorte que, pour protéger les autres, on se sert d'équipements particuliers.

On distingue donc des équipements protecteurs (Schutzmittel) de deux sortes : ceux qui servent dans les salles d'armes et ceux employés dans les duels d'étudiants.

6. Équipements de salle d'armes.

1° *Bonnet d'escrime* (Fechthut). Il consiste en une calotte de feutre, de l'épaisseur du doigt, bordée d'un bourrelet de 5 centimètres de large, destiné à garantir les yeux contre les éclats des lames qui se choquent au-dessus d'eux. Au bord antérieur de la calotte est fixée une grille solide, prolongée par une barbe en cuir. On emploie aussi dans le nord de l'Allemagne des masques en treillis, mais on leur reproche de nécessiter des oreillères qui empêchent d'entendre les commandements. La calotte de feutre, selon Roux, aurait l'avantage de laisser percevoir le coup que l'on a reçu. Dans le cours de l'ouvrage on verra, sur huit figures de Roux, plusieurs équipements variés ; je me borne à donner ici quatre figures du Manuel, d'abord 3, 4.

Selon Schulze, qui avertit du reste que le nombre des modèles de masques est presque infini, et que chaque ville a sa mode. un masque bien conditionné doit être en bon treillis de fer, soutenu par de fortes tiges, rembourré à l'intérieur et à l'extérieur, pourvu d'une mentonnière en cuir et d'une visière en treillis plus fin, pour préserver les yeux des éclats de lame. Les autres masques, ajoute-t-il, ne garantissent pas même le

3. Pare avec le crispin.   4. Tierce haute.

haut de la tête, et l'on voit de pauvres diables d'étudiants de première année, des rousseaux (Füchse) qui, pour s'en être servis, restent longtemps sans voir ni entendre.

Le bonnet d'escrime est aussi appelé par Schulze : visière contre les coups (Hauvisir).

2° *Gant* (Fechthandschuh). On le fabrique en cuir jaune. Il se compose (*fig*. 5. 6, du Manuel) de la main et du crispin ou brassard (Stulp, Schaft). Le brassard est épais de 3 ou

4 centimètres, et rembourré de crin, assez pour que les coups qui tombent sur le bras ne soient pas douloureux.

Pour l'emploi de la rapière à cloche, la main est rembourrée, mais très peu pour celui de la rapière à panier. Le frottement contre les branches empêcherait le tireur de porter franchement les coups de quarte. Le gant ne doit apporter aucun

5. Quarte haute du gaucher.   6. Pare avec le crispin.

obstacle au procédé du « fouettement », dont il sera parlé plus tard. Le crispin doit dépasser le coude et la saignée, sans cela on pourrait recevoir des coups dangereux, notamment ceux de quarte basse.

Schulze recommande aussi l'usage supplémentaire d'un crispin dans le genre de ceux adoptés dans les salles d'armes de France (Voir *fig.* 16 et 17, de Schulze, § 13).

3° *Plastron* (Fechtschurz, Fechtjacke). Quelquefois on se sert encore d'une sorte de veste et même d'un pantalon pour préserver des atteintes de coups déviés au-dessous de la tête.

7 Équipements de duel.

Dès qu'il s'agit de duel (Pauk), l'équipement est sensiblement modifié. Son but est de réduire à la proportion la plus faible les blessures qu'il est possible de se faire dans le combat. Il consiste (Voir la planche représentant un duel à Heidelberg) :

1° En un pantalon de cuir fauve, rembourré en crin, bouclé sur les reins et descendant au-dessous du genou;

Schulze l'appelle aussi plastron, ou tablier de duel (Plastron, Paukschurz). Il le veut en toile rembourrée de poil de chevrette et couvrant la poitrine, le ventre et les jambes jusqu'à la moitié;

2° En un gant de duel à crispin (Pauk-und Sekundierstulp). pour protéger la main et le bras. Il est composé de plusieurs doubles de tissus de soie, jusqu'à l'épaisseur de un centimètre, à l'intérieur desquels sont cousues, enroulées, de fines chaînes d'acier. Il est porté par les seconds comme par les combattants;

3° En un bandage de poignet (Pulsbinde) fait de même étoffe : il recouvre l'espace mal protégé qui existe entre le gant et le crispin, de 5 centimètres environ;

4° En un bandage de bras ou brassard (Armbinde), de 30 à 35 centimètres de long sur 15 de large. Il est constitué par six épaisseurs de soie, remonte jusqu'à l'aisselle, et est attaché par des cordons;

5° L'aisselle est l'objet d'une protection toute spéciale. Le tampon d'aisselle, avec bandage axillaire (Axillarisknoten), composé aussi de tissus de soie renforcés de chaînes d'acier.

est pourvu de quatre bandes : deux courtes le fixent à l'épaule, sous laquelle il est serré ; deux longues le retiennent à l'autre épaule, de sorte que, si une bande était coupée, le tampon ne tomberait pas pour cela et garantirait encore ;

6° En un bandage de cou, col ou cravate (Halsbinde), de 9 à 12 centimètres de haut. Plus large, il gênerait ;

7° En lunettes ou œillères de tôle d'acier (Paukbrille), bordées de cuir, pour protéger les yeux. Non seulement leur construction diffère pour le droitier et pour le gaucher, mais aussi en raison de l'écartement des yeux de chaque personne. Leur bon ajustage est très important, autrement le tireur n'y verrait pas clair ;

8° En un bonnet à visière (Paukmütze), dont se servent également les seconds ;

9° Au lieu du pantalon, qui gênerait la liberté de leurs mouvements, les seconds portent un tablier de cuir fauve, fortement rembourré de crin. On y peint ou l'on y brode généralement les couleurs et les insignes de la Société d'étudiants à laquelle appartient le champion ;

10° Les chaussures doivent être souples et légères.

*
* *

Roux recommande comme fournisseurs : Mathias Müller, Klostergasse, à Leipzig, et Bernhard Kuhn, Leutrastrasse, à Iéna.

Schultze recommande Rühlmann pour les équipements, et Kesselbach pour les armes, à Heidelberg.

*
* *

L'INSTRUCTION

LES PRÉLIMINAIRES

8. Progression et commencement de l'instruction.

L'instruction s'étend successivement : aux préliminaires, aux coups, aux couvertures, aux parades, aux feintes, aux ripostes, aux demi et doubles coups et aux temps : elle a pour complément l'assaut. Elle s'applique au jeu de gaucher contre droitier, comme à celui de droitier contre droitier. Elle concerne spécialement l'escrime en « garde suspendue » (verhangene Auslage), c'est-à-dire celle où, dans la position de garde, la main est plus haute que la tête, et la pointe plus basse que la main, c'est pour cela que je l'ai appelée : POINTE ABATTUE. Cette escrime, bien que spéciale aux étudiants, n'en est pas moins le fondement de l'escrime au sabre, c'est-à-dire de celle où, lorsqu'on est en garde, la pointe est levée plus haut que la main. L'escrime au sabre sera traitée à part dans une deuxième partie. Quant à l'escrime à la pointe et à la taille simultanément, appelée contre-pointe, que les Allemands pratiquent aussi, il n'en sera pas question dans cet ouvrage.

Au début de l'instruction, l'élève ne devra porter qu'un gant léger et pas de crispin. On le mettra par là en état d'exécuter les mouvements avec toute la précision désirable. On lui apprendra soigneusement à connaître les divisions de la lame, à tenir la rapière, à se mettre en garde.

9. Divisions de la lame.

La lame se compose d'un tranchant (Schærfe, Schneide), d'un dos (Rücken), de plats (Flæchen), d'une pointe (Spitze), d'un talon, d'une soie qui s'engage dans la fusée et constitue le cœur de la poignée. La lame peut être considérée à la fois comme le prolongement du bras et un levier (*fig.* 7); c'est donc avec l'extrémité de la lame que nous agirons le plus faiblement pour soulever un poids ou exercer une pression, et c'est près de la poignée que nous aurons le plus de force. De là la division de la lame en deux parties : le fort, du côté de la poignée; le faible, du côté de la pointe. On distingue encore le plein-fort, le demi-fort, le demi-faible et le tout-faible.

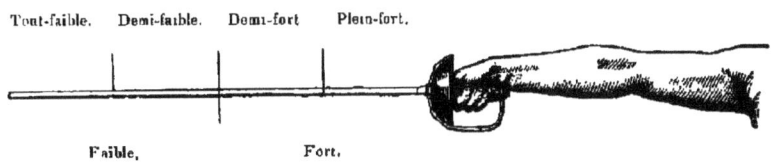

7. Divisions de la lame

Différemment, si on emploie la lame comme un balancier, c'est à son extrémité qu'elle agira le plus efficacement, et le point où se produira son action, légèrement variable en position, suivant la construction de l'arme, sera appelé centre de choc (centrum oscillationis, Mittelpunckt des Schwungs). Il est important de le bien connaître. On peut dire, quoiqu'il ne doive être question ici que d'armes droites, que lorsque l'on donne de la courbure à la lame, le centre de choc se rapproche du point de rencontre de la flèche avec la courbe.

10. Tenue de la rapière à cloche.

Pour tenir la rapière à cloche, on engage l'index sur la partie du pontet qui est en prolongement de la boucle, en ayant soin de placer, entre lui et le fer, la languette de peau ; le pouce sera allongé en opposition sur la poignée, que les trois derniers doigts embrasseront (Voir *fig.* 1. § 3).

11. Tenue de la rapière à panier.

Pour tenir la rapière à panier, on engage la phalange médiane de l'index dans l'œillet ou lanière ; on applique le pouce, en arrière, sur la face unie de la poignée qu'enserrent les trois autres doigts (Voir *fig.* 2. § 4). La poignée doit pouvoir glisser d'avant en arrière dans la main, mais non tourner.

Fehn dit que la lanière doit se trouver sous la première articulation. Il dit aussi, qu'afin de favoriser le fouettement, le pouce ne doit pas serrer trop.

12. Position du tireur.

On nomme : position du tireur, l'attitude la plus favorable pour attaquer et se défendre. Elle est solidaire de la garde. Pour la prendre (*fig.* 8), l'élève, après avoir mis la rapière à la main, s'établit en face du maître dans la position : *Front;* il place la poignée de l'arme sur la hanche gauche, la lame dirigée un peu en arrière de haut en bas, et il la saisit près de la monture, comme s'il voulait la tirer du fourreau. Il fait un huitième d'à-gauche, de manière que son pied gauche vienne se placer perpendiculairement à la ligne de mesure, c'est-à-dire à celle qui réunit les verticales des deux tireurs opposés. Il porte le pied droit de un pied et demi à deux pieds (5o à 6o cent.), suivant sa taille, en avant et d'une égale quantité à droite, en sorte que les talons forment un angle de 135°. Le genou gauche sera légèrement plié, et le jarret droit de préférence tendu, le poids du corps également réparti ; la ceinture

8. Front. 9. En position de garde.

sera fortement rentrée et le haut du corps légèrement porté en avant, ce qui favorisera l'exécution des coups. Les épaules feront avec la ligne de mesure le même angle que les talons. Les yeux, dirigés droit sur l'adversaire, observeront attentivement les mouvements de la main. Le bras gauche, rejeté derrière le dos, sera tenu ou abaissé, ou plié, avec le poing posé en arrière de la hanche gauche.

D'après Fehn (*fig.* 10, 11), la prise de position ne s'obtient pas de même. En faisant *Front*, le tireur laisse tomber les bras de chaque côté de lui, le dos de la main en avant, puis il place la pointe de la rapière en face de la pointe du pied gauche, et l'y laisse en exécutant son huitième d'à-gauche.

 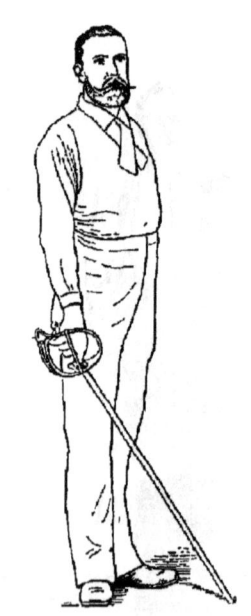

10. Front. 11. Effacé par un huitième d'à-gauche.

Schulze ne veut pas que l'avant-bras soit placé horizontalement derrière le dos. Cela, dit-il, fait trop sortir l'épaule gauche, raccourcit la ligne et augmente les découverts en quarte. On pourra comparer ses figures avec celles du Manuel, où le bras est allongé, et avec celles de Roux, où l'avant-bras est, ainsi que dans celles de Fehn, en travers (*fig.* 9. Voir aussi *fig.* 13 et 15 du Manuel, § 13 ; *fig*. 16 et 17 de Schulze, § 13, et *fig.* 26, 27 de Fehn, § 14).

Certains tireurs préfèrent avoir le pied droit directement en face du pied gauche, et ne présenter le corps que de flanc. Cette position est généralement considérée comme vicieuse, parce qu'elle diminue la solidité dans le sens des efforts latéraux ; or la plupart des coups étant appliqués sur le côté, quarte haute, quarte basse, tierce basse, la parade devra être aussi opposée sur la même ligne. Ainsi effacé, on ne serait jamais non plus en état de prendre un contre-temps, c'est-à-dire de battre contre un coup de temps, que l'antagoniste, mieux calé, enverrait quand même, et on serait touché. On perdrait encore l'avantage de pouvoir parer quarte haute, en restant couvert par le crispin contre un coup de tierce haute. Pour peu qu'on se penche en arrière, on serait exposé, en cas de duel, à un coup qui pénétrerait jusqu'au poumon, en passant à travers les côtes que ce mouvement amène horizontales, d'obliques et join-tives qu'elles sont autrement. De plus, en voulant riposter en quarte horizontale, on découvrirait forcément l'aisselle, par où l'on risquerait d'être blessé à mort. La tête aurait plus de peine à rester droite, et l'œil à suivre les mouvements de l'adversaire.

Il serait tout aussi mauvais de tomber dans l'excès contraire et de présenter toute la poitrine. Outre l'inconvénient d'ouvrir de nombreux découverts, toute inclinaison du corps en avant deviendrait impossible. Or, comme dans le duel, l'équipement est trop lourd pour permettre de se fendre et que la fente est autant que possible remplacée par une inclinaison en avant, les tireurs seraient forcés de se rapprocher au point qu'ils ne pour-raient plus se porter que des demi-coups.

Fehn n'admet pas que le pied droit se porte à plus de 5 ou

6 centimètres à droite. Toutefois, ce n'est sensible que dans celles de ses figures qui se rapportent au gaucher. Les photographies de Schulze montrent le tireur un peu plus de face que les dessins de Roux.

13. De la garde.

La garde (Auslage), en général, est une position fixe de l'arme et de la main, de laquelle part le tireur pour exécuter ses coups et à laquelle il revient après les avoir faits. Il n'y a pas plus de garde absolue que de position absolue, l'espèce de l'arme, le genre d'escrime, la conformation du tireur concourent pour la modifier plus ou moins. Il n'y a pas non plus de garde capable de couvrir, *à priori*, contre tous les coups. D'un autre côté, en voulant trop se couvrir contre les plus dangereux, on ouvre aux autres de fâcheux découverts. La garde qui paraît la meilleure et qu'on a adoptée comme normale a l'avantage de permettre de se porter rapidement à la parade de tous les coups. D'après les coutumes d'escrime et de duel des sociétés d'étudiants (Comment), il y a cependant des gardes qui couvrent contre tous les coups; cela tient à ce que l'équipement préserve de certains et que d'autres sont défendus. Mais comme, d'une part, ces mêmes coutumes du duel d'étudiants recommandent, comme un procédé chevaleresque, sous peine de passer pour un poltron (verkniffen), d'ouvrir intentionnellement des découverts, et que, d'autre part, il faut bien finir par en ouvrir pour porter un coup, tout tireur exercé trouvera forcément occasion de développer ses moyens; le mieux est donc encore d'adopter la garde normale.

Cette discussion de Roux, maintenue dans les bornes posées par une bonne confraternité, est intéressante en ce qu'elle éclaire d'un jour assez curieux les prétentions des différentes écoles, et les schismes qui s'y sont produits.

La garde normale est appelée, comme nous l'avons déjà vu, pour le genre d'escrime dont nous nous occupons : garde suspendue (verhangene Auslage) ou : pointe abattue. Non seulement la pointe de la lame est plus bas que la main, mais tous les coups, même ceux dirigés de bas en haut, touchent dans

12. Droitier en garde, de face.   13. Droitier en garde, de côté.

une position telle, que le bout tranchant de la lame est plus bas que le poing. En effet, le tireur ayant pour but la tête de l'adversaire, et la sienne étant visée, il tient, pour se couvrir, son poing plus haut que sa propre tête (Voir *fig.* 9, § 12).

Le bras, sans être complètement tendu, sera levé verticalement et dirigé un peu en avant, l'épaule restant en place. Le poing sera d'environ une palme (20 à 25 centimètres), plus haut que la tête, et à droite; la lame sera dirigée, en baissant, vers la gauche, de manière à former en son milieu un angle de 45° ou 50° avec la verticale; la pointe dépassant, environ d'une palme, l'aplomb d'une ligne transversale tracée devant le pied droit. Le tranchant sera dirigé en haut et à gauche, pour bien assurer la protection de la main par la branche de la rapière à cloche. Un tireur de petite taille devra hausser la

11. Gaucher en garde, de côté.   15. Gaucher en garde, de face.

main pour mieux arriver à la parade des coups hauts. Il en sera de même contre un gaucher.

La garde donnée par le Manuel n'est pas tout à fait la même (*fig.* 12, 13 et 14, 15). La main est placée perpendiculairement au-dessus de l'œil droit (gaucher et droitier). Cette différence est d'autant plus remarquable que parmi les signataires du Manuel figure Roux, qui semble en avoir été le rédacteur.

Schulze donne une garde différente ; la main. poussée très à gauche, est au-dessus de l'œil gauche, et la pointe est dirigée vers l'épaule gauche de l'adversaire. La pointe de la rapière du gaucher est tenue plus basse que celle de la rapière du droitier (*fig.* 16 et 17).

16. Le gaucher en garde.   17. Le droitier en garde.

La garde de Fehn n'est pas non plus la même que celle de Roux. La main est dans l'axe du corps, entre les deux yeux, plus élevée encore, si c'est possible, que dans le Manuel, ainsi qu'on peut en juger par la figure intitulée : la garde franche (die freie Auslage). La pointe est aussi beaucoup plus à gauche (*fig.* 18 et 19).

Fehn donne encore une autre garde, qu'il appelle la garde en renommée ou garde en bravoure (Renommirauslage), dont le nom seul indique l'emploi particulier dans des cas que nous aurons occasion de voir (*fig*. 20). Dans cette garde, l'arme est dirigée obliquement. la pointe en haut. On l'enseigne aux

18. La garde franche du droitier.   19. La garde franche du gaucher.

élèves lorsqu'ils commencent à être d'une certaine force. Après leur avoir fait prendre mesure, ils battent quarte sur quarte au commandement et reviennent en garde. Elle est, paraît-il, en usage dans la plupart des Universités de l'Allemagne du Sud, à la fois comme provocation et comme promesse de loyauté, au commencement d'un assaut ou d'un duel,

Fehn donne aussi une sorte de garde intermédiaire, que l'on prendrait un instant, en se retirant, après avoir porté un coup (*fig.* 21), et que l'on pourrait appeler la garde en retraite.

20. La garde en bravoure.   21. La garde en retraite.

14. La mesure ou distance.

On nomme mesure ou distance (Mensur) l'espace qui doit séparer deux tireurs, de façon que les coups qu'ils s'adressent portent par le centre de choc de la lame. Par : mesure, on entend aussi une légère affaire d'honneur entre étudiants. Il y a trois sortes de mesures :

La mesure longue. Lorsque les deux tireurs sont en garde, si l'un ne peut atteindre l'autre qu'en se fendant, on dit qu'ils sont en mesure longue. On ne l'emploie que pour l'étude de l'escrime et dans les combats où, les adversaires n'ayant pas d'équipements défensifs, tous les coups doivent être parés avec

22-23. Engagement de droitier contre droitier.

la lame; alors, en forçant l'assaillant à se fendre, on a mieux le temps d'arriver à la parade.

La mesure moyenne. C'est celle où l'on peut toucher l'adversaire en se contentant d'une forte inclinaison du corps en avant. Elle sert dans l'assaut, le duel. On peut la considérer comme la mesure normale.

D'après le Manuel, on l'établit exactement en plaçant les

tireurs dans la position de tierce, la main à hauteur de l'œil, le corps fortement incliné en avant, et en les faisant marcher dans la position de garde jusqu'à ce que les montures se touchent. On peut alors faire des marques à la craie derrière leurs talons. Mais si les tireurs sont exercés, ils trouvent et reprennent la mesure aisément (*fig.* 22, 23 et 24, 25).

D'après Fehn, il y a encore un autre procédé : les deux

24-25. Engagement de gaucher contre droitier.

tireurs se placent l'un en face de l'autre, après avoir fait un huitième d'à-gauche, de manière que la pointe de la rapière de chacun se place sur la garde de l'autre. L'un se fend en arrière, l'autre en avant, et ils sont dans la moyenne mesure (*fig.* 26, 27).

La mesure courte, qui rapproche davantage que la précédente, est tout à fait incommode. Ce n'est plus l'articulation de la main qui agit; les coups réguliers sont remplacés par une force brutale, les adversaires ne font que ferrailler, hacher du bois (holzen); elle est inadmissible.

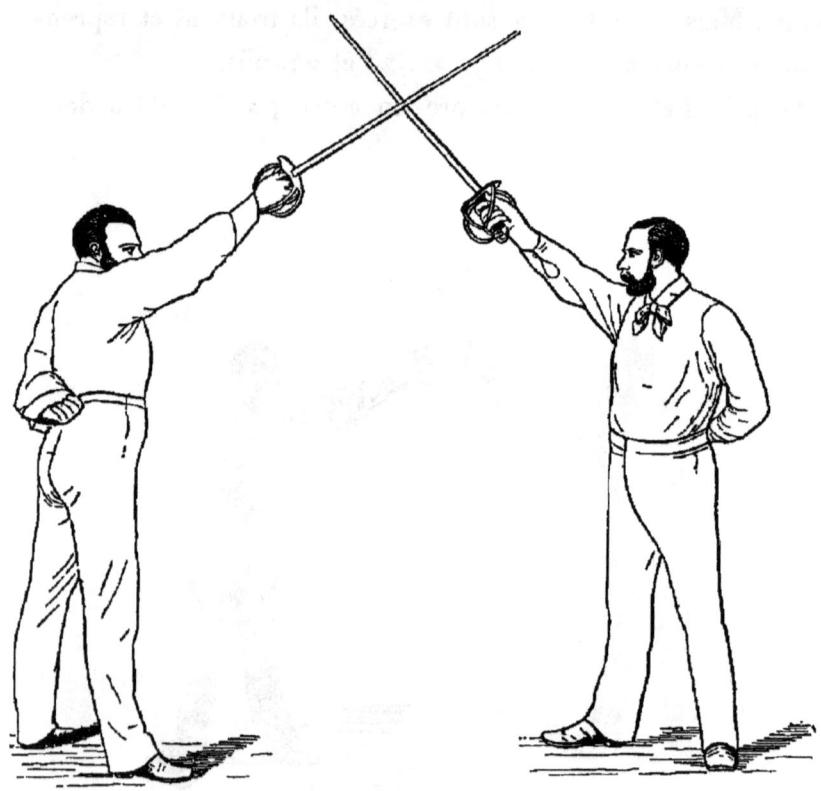

26-27. Engagement pour l'assaut.

15. Marcher, rompre et volter.

Rentrer de la longue mesure dans la moyenne mesure, c'est marcher, avancer (in die Mensur rücken, avancieren). Dépasser la mesure moyenne pour arriver au corps à corps, c'est forcer la mesure. empiéter (vorkneifen). Se reculer hors de portée, c'est rompre la mesure, se retirer, lâcher pied, « caner » (die Mensur brechen, retirieren, kneifen). Si un tireur est trop pressé par le corps à corps et qu'il ne veuille pas rompre, il n'a d'autre ressource que de volter. Pour cela, il pivote sur le pied droit et jette le gauche d'environ 70 centimètres vers la gauche, sans augmenter pour cela la distance qui le sépare du droit. Du reste, faire des corps à corps et rompre la mesure sont également proscrits.

16. — La fente.

La fente (der Ausfall) fournit un moyen de se rapprocher de l'adversaire pour le mieux atteindre. Elle a encore un autre avantage. En la faisant exécuter souvent et correctement aux débutants, on leur fait perdre cette raideur des articulations qui les empêche de bien placer la main et leur fait contracter l'épaule. Au lieu de donner des figures de Roux qui, en général, exécutent la fente, je donne les figures 28 et 29 du Manuel, parce qu'on pourra les comparer avec les autres du même type, où la fente n'existe jamais, et prendre ainsi une idée juste de ce mouvement qui a, ordinairement, peu d'ampleur.

Pour se bien fendre, porter le pied droit en avant, la pointe légèrement tournée en dehors, en le faisant glisser à plat sur une distance d'environ 35 centimètres. Le genou sera dans l'aplomb du cou-de-pied. La ceinture restera rentrée et le haut du corps sera porté assez en avant pour que le front soit dans l'aplomb du genou. Le jarret de la jambe gauche, qui supportait la plus grande partie du poids du corps, sera tendu. Le pied gauche posera bien à plat sur le sol, en s'y appuyant fortement, pour donner de la tenue à la fente et assurer l'équilibre.

Une bonne fente devra s'exécuter avec vitesse, mais sans frapper le sol.

On se retire, suivant les mêmes principes, après la fente. Elle devient inutile en moyenne mesure et lorsqu'on se sert des équipements de protection. Malgré cela, Roux paraît lui accorder, surtout comme moyen d'assouplissement, bien plus d'importance que les autres auteurs, principalement comme

28. Pare.   29. Prime avec fente.

préparation au sabre. Presque toutes ses figures sont placées exécutant la fente, ce qui n'a pas lieu dans le Manuel, où elles ne présentent que l'inclinaison du corps en avant.

Fehn n'admet la fente, dont il ne donne aucune figure, que pendant les cinq ou six premières leçons, et recommande d'en déshabituer ensuite l'élève. Quant à Schulze, il n'en parle même pas, et ses photographies, qui montrent des tireurs très rapprochés l'un de l'autre, font suffisamment comprendre qu'il ne l'admet pas non plus.

17. Divisions de la tête considérée comme objectif des coups.

Il n'y a que des coups de taille, et tous ces coups sont dirigés à la tête.

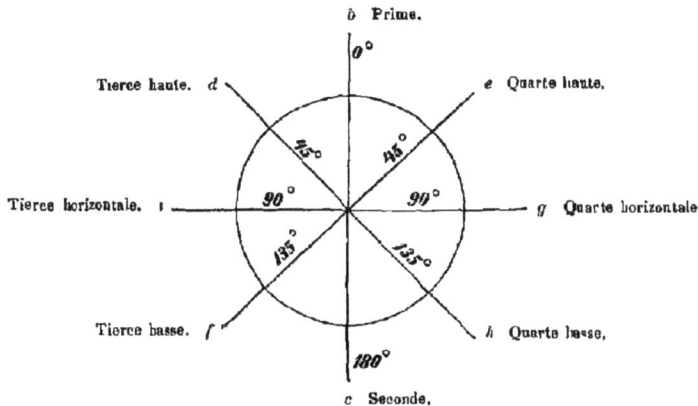

30. Objectif du droitier.

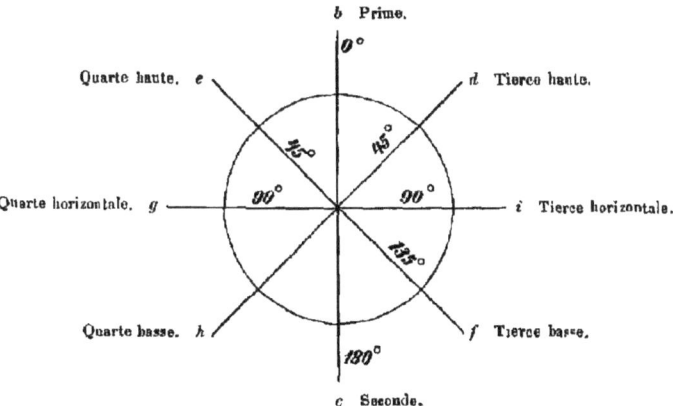

31. Objectif du gaucher.

Faisons passer par la pointe du nez un plan vertical; la moitié droite du visage sera appelée côté du dehors, et la gauche.

côté du dedans (*fig.* 30). Faisons passer par le même point un plan horizontal, nous obtiendrons quatre angles dièdres droits, que nous diviserons encore chacun en deux. Les côtés des huit angles dièdres ainsi obtenus nous donneront, en allant de la circonférence au centre, les plans suivant lesquels les huit sortes de coups seront portés sur la tête considérée comme objectif (Zielscheibe). En appelant a la pointe du nez qui est au centre, nous nommerons leurs traces : $b\text{-}a$, $c\text{-}a$, $g\text{-}a$, $h\text{-}a$, $e\text{-}a$, $f\text{-}a$, $i\text{-}a$, $d\text{-}a$.

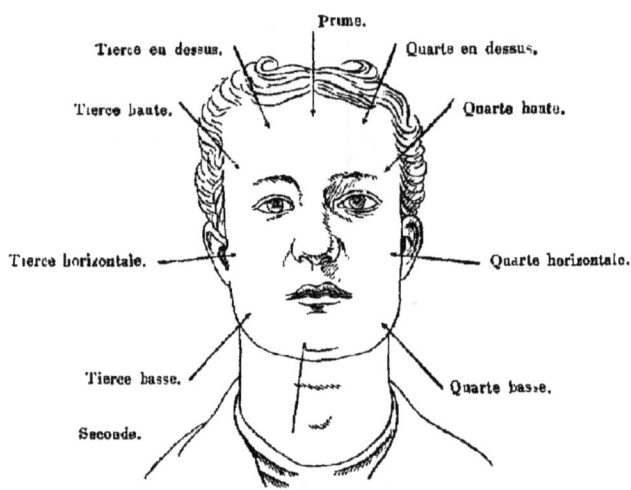

32. Direction des coups, d'après Schulze.

Le Manuel contient une division de la tête pour le jeu du gaucher qu'il est commode d'avoir aussi sous les yeux (*fig.* 31).

Schulze donne une division un peu différente par la distinction qu'il fait entre la quarte, la tierce haute (hoch) et la quarte, la tierce en-dessus (steil), ces dernières étant intermédiaires entre la quarte, la tierce haute et la prime (*fig.* 32).

Dans les salles d'armes on n'enseigne que les coups de visage ; mais d'après Schulze, dans les duels, certaines Sociétés d'étudiants admettent aussi les coups de poitrine, détachés en tierce basse ou quarte basse.

LES COUPS

18. Observations générales.

Les coups (Hiebe, Haue) sont dénommés à la fois, d'après la position du poing et d'après la direction qui leur est donnée. Ceux qui sont portés de haut en bas sont hauts ou de dessus (steil); ceux portés de bas en haut sont bas ou de dessous (tief). Il y a en outre des coups d'attaque, des ripostes, des demi-coups, des doubles-coups, des coups avec-le-temps, dans-le-temps et à contre-temps.

Tous les coups doivent être portés avec le tranchant de la lame, le bras allongé sans raideur et bien sorti de l'épaule, en agissant par une inflexion et une rotation du poignet, qui communique à la lame l'élan, l'impulsion, la vibration (Schwung) la plus forte et la plus rapide qu'il soit possible.

Chaque coup résulte de deux temps successifs et en liaison, qu'on a soin de faire décomposer pendant les premières leçons. Premier temps : placer le poing et la lame dans la direction ou le plan d'angle, suivant lequel on va porter le coup; c'est le dessin préliminaire, la préparation, l'engagement du coup (Hiebanzug). Deuxième temps : aussitôt, et en liaison, détacher (schwingen) le coup. Généralement, en le portant, on incline le haut du corps en avant.

L'influence de la garde où la main est déjà amenée au milieu du corps n'est pas sans se faire sentir dans le premier temps de l'exécution des coups. Pour décrire ceux-ci, je suivrai le tour de la tête, en commençant par les coups hauts.

19. La prime.

La prime (Prim, Kopfhieb), passe pour le coup le plus naturel et le plus vigoureux de toute l'escrime. Pour la donner :

33. Prime.   31. Pare.

1° Ramener le poing droit en arrière dans la ligne de mesure, de manière qu'il se trouve distant d'un empan du haut de la tête et à hauteur des yeux ; 2° détacher le coup en abattant le tranchant sur le sommet de la tête de l'adversaire, suivant la direction *b-a*. Le regard de l'œil droit doit pouvoir raser le dessus du bras (*fig.* 33).

Le petit doigt est directement sous le pouce, le dos de la main à droite, tandis que les doigts sont à gauche. En même temps que l'on frappe, on doit laisser glisser la poignée jusqu'à ce que le pommeau arrive dans le creux de la main. C'est ce qu'on appelle fouetter, donner du fouet, du fouettement (Schwippen). Pendant le développement d'une prime, en raison

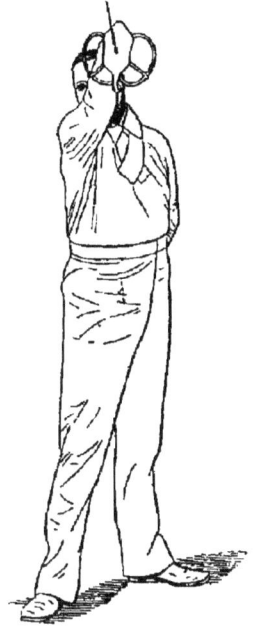

35. Prime.

de l'espèce de moulinet que fait l'arme, tous les coups hauts ou bas sont parés, mais si l'adversaire courait la chance de se découvrir pour porter un coup dans le temps, on aurait encore la possibilité de revenir à la parade (*fig* 35, de Fehn).

Pour revenir en garde : si l'adversaire a paré avec la rapière, décrire autour de sa lame, avec le dos de la nôtre, un cercle aussi serré que possible vers notre gauche, en descendant le long de son épaule droite, et reprendre la position de garde; s'il a paré avec le crispin, il suffit de tourner le poing pour dégager la pointe et pour revenir en garde.

En face d'un gaucher, on s'y prend de la même façon.

Malgré ses qualités, dit Schulze, la prime ne peut guère s'employer que contre un adversaire qui, au lieu d'avoir la main correctement placée, est en « garde théologale » (Theologenauslage), c'est-à-dire, dans une garde mollement tenue, de droite à gauche, au-dessus de la tête. Dans ce cas, on le corrigera vite au moyen de quelques solides coups de prime, bien appliqués.

20. Du fouettement.

Avant d'aller plus loin, il faut expliquer le procédé appelé fouettement dont il a déjà été question; il peut être mis avantageusement en pratique dans la plupart des coups, ceux de seconde et de tierce basse exceptés. Voici comment on s'y prend pour l'employer en prime :

Si, au lieu de conserver la poignée fortement tenue pendant qu'on applique le coup, on la laisse glisser, sans que cependant les doigts en perdent le contact, il en résulte, d'une part, un fouettement tellement violent, que la lame se courbe en arc en tombant sur la parade; d'autre part, on maintient beaucoup mieux le poing à la hauteur initiale à laquelle, afin de se couvrir, on l'avait arrêté. Mais les deux espèces de rapières ne favorisent pas d'une manière égale l'emploi de ce procédé. C'est pour cela qu'il sera intéressant de faire un examen comparatif de la cloche et du panier, qui trouvera sa place après la description et l'exposé des diverses bottes.

21. La tierce haute.

1° Retirer la main, en tournant les ongles, de droite en dessus, et la porter du côté droit du front, de façon que la

36. Tierce haute.   37. Pare avec la lame.

lame forme encore un angle de 45° avec la verticale ; 2° partir de là pour frapper obliquement la tête de l'adversaire suivant *d-a*, en gardant le bras souple (*fig*. 36). Dans la tierce haute, il est tout à fait indispensable de laisser glisser la poignée et de fouetter (§ 20). Le poing doit rester assez haut pour permettre de voir facilement en dessous du petit doigt. Les jointures seront tournées en dessus et à droite. De cette façon, le tireur sera couvert contre les coups de prime, de tierce haute et de quarte haute.

On trouvera encore ici la figure 38, du Manuel, se rapportant au gaucher et l'on pourra déjà remarquer que le coup n'est pas paré comme contre le droitier.

38. Tierce haute du gaucher. 39. Pare

Schulze donne une tierce en dessus de la tierce haute, qui n'en diffère pas sensiblement. Il la recommande comme coup d'amorce, comme coup de temps contre la quarte horizontale ou contre la quarte basse et aussi comme riposte. La figure 44. § 22, montre l'homme, non pas à la fin du deuxième temps, au moment où le coup touche ou est arrêté par la parade, mais à la fin du premier temps, avant que le coup ne soit développé.

Il faut avoir soin, dit Fehn, que le pommeau déborde le poignet à gauche, et ne pas appuyer le pouce, sinon on serait gêné par le crispin, et le coup risquerait de porter à plat (*fig.* 40).

10. Tierce haute.

On revient en garde comme on le fait après la prime.

22. La quarte haute.

C'est un coup très fort. Pour l'exécuter :

1° Tourner la paume de la main à gauche, porter le poing à hauteur de la tempe gauche, près de l'oreille, de façon que l'œil droit voie encore commodément par-dessus le bras, sous le fort de la lame. La pointe de celle-ci sera dirigée au-dessus de l'oreille droite, de manière à former avec la verticale un angle de 45°; 2° frapper du tranchant, obliquement, de droite à gauche et de haut en bas. suivant la direction *e-a* (*fig.* 41).

41. Quarte haute.   42. Pare.

La paume de la main et le pouce sont tournés obliquement en dessus.

Un coup de quarte haute couvre dans les lignes de tierce haute, de prime, de quarte haute et de quarte horizontale. Le crispin pare en même temps la quarte basse. On porterait le poing à droite, dans le cas où l'adversaire prendrait un temps en tierce horizontale ou, s'il est gaucher, en quarte horizontale.

On se remet en garde comme après la prime.

La figure 43 donne la quarte haute de Fehn, toujours intéressante, parce qu'elle est vue de face.

Schulze donne en outre un coup de quarte en dessus, un peu

43. Quarte haute.

plus élevé que la quarte haute, mais qui n'en diffère pas sensiblement. Dans la figure 45, comme dans la figure 44, l'homme qui a engagé le coup est représenté à la fin du premier temps, et non à la fin du deuxième.

Après avoir expliqué la quarte, la quarte en croix (Hakenquart, Winkelquart) et le passage (Durchzieher), deux coups dont il sera question plus loin, Schulze décrit le coulé-glissé, ou coup d'archet (Streicher), que je ne vois ni dans Roux ni dans Fehn

45. Quarte haute.   44. Tierce haute.

Schulze distingue deux coulés : celui en dos de quarte et celui en dos de tierce (Quart-Rücken-und Terzstreicher). Le coulé en quarte est le suivant : étant en garde, on élève au-dessus de la tête et en arrière la pointe de la lame, jusqu'à ce que le dos regarde la tête de l'adversaire; alors, sortant le bras de l'épaule en le tendant légèrement et maîtrisant avec le fort de sa lame celle de son adversaire, on détache le coup en précipitant tout l'élan vers la pointe.

Pour le coulé en tierce, on procède comme pour la tierce haute; seulement, au lieu d'appliquer le coup par-dessus le crispin, on le lance par-dessus le panier, sur le côté droit de la tête de l'adversaire.

Pour se retirer du coup en coulé, il y a deux moyens : 1° lever de nouveau la lame par-dessus la monture de l'adversaire et se remettre en garde; cela s'exécute facilement si le coup a été paré à temps et vigoureusement; 2° appuyer avec force sur la lame de l'adversaire, en se retirant, jusqu'à ce qu'on ait pu se remettre en garde, ce qui exige généralement un effort assez considérable. On sent bien, à la main, si le coup a porté ou s'il a été mollement paré, et c'est là-dessus qu'on se règle pour la façon de se retirer.

Schulze recommande expressément de n'employer le coulé qu'avec la plus grande prudence, attendu qu'il découvre contre les coups de temps hauts et les ripostes rapides. L'emploi du coulé-glissé, dit-il, ne réussit qu'autant que, plus fort, on est en face d'un adversaire plus faible et en courte mesure, ou bien en face d'un adversaire qui, en moyenne mesure, tient sa main trop loin à droite.

23. La quarte horizontale.

1° Tourner la paume de la main obliquement en dessus, porter le poing à gauche jusqu'à ce que l'œil droit voie commodément au-dessus du bras. La lame sera dirigée horizontalement en arrière, en dessus du niveau de l'oreille droite; 2° frapper du tranchant, horizontalement de droite à gauche, la joue droite de l'adversaire, suivant la direction *g-a* (*fig.* 46).

L'exécution du premier et du deuxième temps couvre contre les mêmes coups que la quarte haute, mais comme l'action de la quarte horizontale est plus faible que celle de la quarte haute,

46. Quarte horizontale.   47. Pare.

il faut pencher le corps davantage en avant pour ne pas être exposé à rencontrer un coup en contre-temps.

On se remet en garde comme après la quarte haute, seulement le cercle en dessus est plus long à décrire.

Schulze recommande de bien baisser le poing entre les deux yeux et de ne pas le porter trop à gauche, lorsque l'on tire contre un gaucher.

La figure 48, de Fehn, montre le tireur de face. Le regard rase le bras comme dans la prime, mais le poing est tenu un

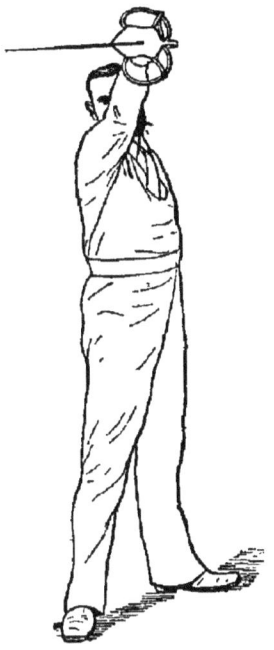

48. Quarte horizontale.

peu plus haut que dans la prime et un peu plus bas que dans la quarte haute (Voir *fig*. 35. § 19. et 43. § 22).

24. La quarte basse.

- 1° Tourner le poing en allongeant le bras, l'élever au-dessus de la tête vers la gauche, de façon que la branche de la monture oblique en haut et à gauche; l'œil droit doit voir commodément en dessus du bras et sous le fort de la lame. Diriger la pointe de la lame, en arrière à droite, de haut en bas, par une sorte de dégagement, pour revenir de bas en haut, dans un sens précisément opposé à celui de la tierce haute; 2° détacher

49. Pare.   50. Quarte basse.

le coup (*fig.* 50) suivant la direction *h-a* indiquée figure 31.

La paume de la main est tournée obliquement en dessus.

La quarte basse étant plus faible que la quarte haute et le poing étant très éloigné de la partie à atteindre, il est nécessaire de se pencher très fortement en avant pour que le départ du coup se fasse bien et pour qu'il porte assez loin. Le degré d'effacement des épaules doit être très correct.

La quarte basse ne s'emploie que dans le combat de droitier contre droitier.

La remise en garde a lieu en faisant passer, par une rotation du poing, le dos de la lame au-dessus du poing de l'adversaire. On y éprouvera quelque difficulté au début et on devra s'y accoutumer progressivement.

51. Quarte basse.

Fehn explique le coup un peu différemment et veut que le bras ne se tende réellement qu'après que la pointe de la lame aura passé auprès de la cuisse droite (*fig.* 51).

25. La seconde.

1° Retirer le poing en arrière vers la gauche, en laissant la pointe de la lame en bas, jusqu'à ce que le plat arrive en face de la joue gauche. et le tranchant en avant, de manière à être encore couvert contre les coups de tierce, prime, quarte horizontale, quarte et quarte basse, ; 2° frapper de bas en haut, dans la direction $c\text{-}a$, le bras tendu, élevé autant que possible

52. Parc.   53. Seconde.

au-dessus de la tête, et l'articulation de l'épaule bien ouverte (*fig.* 53).

Le gaucher, au lieu de porter sa main à gauche, porte le fort de sa lame en face de la joue droite, et détache ensuite le coup de la même façon.

Le petit doigt est en haut, le pouce en dessous, le dessus de la main est à gauche, les doigts sont à droite.

La remise en garde est aisée.

En général, la seconde ne s'emploie que dans le combat de

droitier contre gaucher, et réciproquement. Il importe, on en verra les raisons plus loin, de se fendre ou de se pencher bien correctement en la donnant.

Fehn ne donne la seconde que pour le gaucher (*fig.* 54), et il la qualifie de très avantageuse (rentable). Il en sera encore question à propos des coups de temps.

54. Seconde du gaucher (Spicker).

Schulze dit que, par ce coup, on touche difficilement le menton de l'adversaire qui porte le col, et que l'on est exposé à lui enlever le nez, ce qui est fâcheux. Aussi il engage à y renoncer dans les assauts et dans les duels, et à le remplacer par la tierce basse. Il le recommande, au contraire, contre un droitier qui

LES COUPS. 47

serait enclin à frapper toujours en tierce et qui aurait l'habitude de la garde théologale.

26. La tierce basse.

La tierce basse est l'opposé de la quarte haute. et elle a beau-

55. — Pare.   56. — Tierce basse.

coup d'analogie avec la seconde (*fig.* 56). Pour. l'exécuter : 1° baisser la pointe vers la gauche en la retirant en arrière, tourner le tranchant en avant, de manière à lui faire faire un angle de 135° avec la verticale; 2° frapper de bas en haut, suivant la direction *f-a*. Comme pour la seconde, le bras droit doit être franchement sorti de l'épaule et le poing bien tenu élevé au-dessus de la tête.

Le pouce est obliquement à gauche sous le petit doigt.

On revient en garde en faisant pivoter le poing pour remettre le tranchant en dessus. La figure 57. tirée de Fehn. représente un gaucher donnant tierce basse.

57. Tierce basse du gaucher.

27. La tierce horizontale et la tierce d'occiput.

La tierce horizontale est la contre-partie de la quarte horizontale; pour l'exécuter : 1° porter la main du côté gauche du front. comme pour la tierce haute. le dos de la main en dessus, le tranchant de la lame un peu relevé; 2° détacher le coup de gauche à droite suivant *i-a*.

Bien que ce coup ait la propriété de couvrir contre tous ceux employés dans les Universités, à l'exception de la quarte basse envoyée dans le temps. ce qui obligerait le tireur à pousser davantage son poing vers la gauche, il n'est cependant à la

58. Quarte en croc envoyée trop haut.   59. Tierce d'occiput dans le temps.

portée que d'un escrimeur vigoureux. En effet, c'est par lui-même un coup médiocre, parce qu'il oblige à élever beaucoup la main dont la position devient telle que les muscles les plus faibles peuvent seuls agir; cela favorise considérablement les coups de temps hauts, auxquels on ne peut plus opposer, que sur son plat. la lame qui risque d'être alors toujours repoussée.

La tierce horizontale ne peut guère être employée que comme coup de temps ou riposte, lorsqu'on a paré avec le crispin une quarte haute, une quarte en croc (hochgesetzte Quart, Hakenquart) et dans le jeu du gaucher contre le droitier. A la tierce

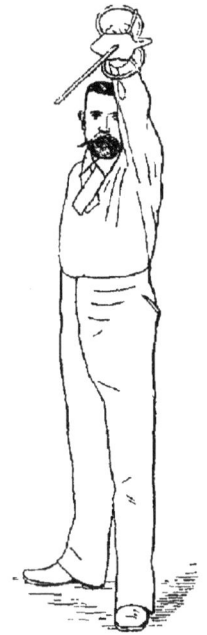

60. Tierce horizontale du gaucher.

horizontale on doit donc préférer les deux autres, parce que si les coups de temps doivent les rencontrer, ce sera dans une direction plus oblique, ce qui atténuera les effets de ces derniers. On peut aussi la remplacer par une tierce un peu plus haute, intermédiaire entre la tierce horizontale et la tierce haute (*fig.* 59). On la nomme tierce d'occiput (Hinterkopfterz).

Fehn donne, figure 60, la tierce horizontale exécutée par un gaucher. Il la recommande comme riposte sur les coups hauts mal couverts, montrant, par là, quelle importance il attache, de même que Roux, à la couverture.

28. Le refus de l'épaule gauche.

Les tireurs dont les articulations sont encore raides, au lieu de se servir uniquement de celles de la main et de l'épaule, s'aident souvent du torse en déviant le haut du corps, c'est-à-dire en refusant l'épaule gauche. C'est là un défaut qui présente de véritables dangers ; il importe donc de s'en défaire de bonne heure et à tout prix. Outre qu'il empêche d'arriver à la souplesse des articulations et en particulier de celle de l'épaule, il met dans l'impossibilité de se courber en avant pour s'assurer la couverture contre les coups de temps. Ce n'est pas là le pis. Dans un duel, que l'un des combattants, observant bien l'inclinaison du corps, porte, par exemple, un coup de quarte à contre-temps, à l'autre qui tord les épaules, celui-ci risquera fort d'avoir le nez abattu, parce que refuser l'épaule entraîne généralement à tourner la tête et à présenter le nez de profil. Il n'est pas rare que cette déplorable habitude provienne de leçons données par un maître incapable. Supposons encore une quarte haute fouettée sur la parade par un des deux combattants. Si l'autre est correctement placé, elle n'atteindra pas sa tête ; s'il tord les épaules, elle lui emportera le nez. Dans cette malencontreuse posture, les coups bas passant sous la lame défigureront également. Sans doute un tireur académique peut manquer une parade et recevoir le coup sur le nez, mais il s'en tirera en ne l'ayant que fendu au lieu de le voir tomber. C'est le cas de constater, une fois de plus, qu'il vaut mieux se débarrasser d'un pernicieux défaut que d'accumuler des habi= letés nouvelles.

LES PRINCIPES DE L'ENGAGEMENT.

29. Couvertures et variations.

Tout le chapitre des principes de l'engagement, §§ 29 à 34, se lie aux coups de temps qui seront traités à la fin de l'instruction ; mais comme il sert aussi d'introduction aux parades, il était impossible de ne pas le placer avant elles.

Les auteurs autres que Roux ne traitent pas la question aussi à fond que lui. Ils se bornent à de sommaires indications sur les découverts (Blœssen), avant de parler des feintes.

On aurait pu intituler ce chapitre : les découverts, car la manière dont l'engagement est pris a pour objet, sinon de les masquer tous, ce qui est impossible, mais d'être à portée de le faire.

Il ne suffit pas, en effet, de savoir porter les coups, il faut encore s'entendre à exécuter des variations ou changements de ligne pendant l'engagement (Veræenderungen), lorsque l'antagoniste se jette en travers de notre mouvement. La variation suppose la connaissance des demi-coups ; s'il est bon d'en donner la notion de bonne heure, au moins dans ce qu'elle a de fondamental, il ne faut cependant pas l'enseigner à l'élève avant qu'il ne soit affermi dans l'exécution de la série des coups, et habitué aux demi-coups dont il sera question plus loin.

Au lieu de dire : exécuter la variation, changer de ligne, on pourrait dire : aller à l'opposition. Cette expression serait plus en harmonie avec notre langage d'escrime, mais elle rendrait moins exactement, ce me semble, l'idée allemande qui, parfois, prescrit seulement l'opposition, mais, dans d'autres circonstances, embrasse beaucoup plus, comme on le verra.

Au moment où nous attaquons l'adversaire, il peut, ou

attendre et parer, ou nous prévenir par une contre-attaque. Comme il est obligé de partir de la même garde que nous, étudions le chemin dans lequel il s'engagera, en admettant qu'il saura choisir le plus court. Supposons une circonférence décrite, autour du poing comme centre, par la pointe de notre lame. Celle-ci, pour atteindre l'adversaire, devra en parcourir : en tierce haute, le quart; en quarte haute, la moitié; en quarte basse, les trois quarts. On induirait volontiers de là que pendant ce temps, la seconde, la tierce basse, qui ne sont pas portées circulairement, mais en ligne droite, pourraient directement arriver et prendraient moins de temps qu'une tierce haute, par exemple. Il n'en est cependant pas ainsi. Le chemin à suivre est plus court, c'est vrai, mais trop court pour laisser acquérir à l'arme, et la force de résister à un contre-coup, et l'élan dont elle a besoin en touchant le but. Cet élan, on ne le lui donne qu'en la retirant préalablement en arrière à gauche pour la ramener ensuite en avant. Or, il est clair que cette préparation prend du temps, plus de temps qu'il n'en faut pour appliquer une bonne tierce haute.

Si donc notre adversaire veut se défendre par un coup simultané, qu'il choisira le plus court possible, il peut aussi bien se servir de la tierce haute, que de la seconde ou de la tierce basse. Mais comme le premier est le plus fort des trois, il est probable que c'est celui qui sera préféré.

Il faut donc nous couvrir contre la tierce haute. Nous y trouverons encore la faculté de nous prémunir aisément contre d'autres coups de temps, par une simple rotation du poing. En effet, la tierce haute étant un coup haut, dans son attente nous élevons beaucoup le poing et la lame au-dessus de la tête; or, il est plus facile, pour changer de ligne, de tourner le poing de haut en bas que de bas en haut.

Ces explications étaient nécessaires pour bien comprendre ce qui suit.

30 Couverture et variation en tierce haute

Le poing étant placé comme il a été expliqué, de façon que nous puissions voir au-dessous du petit doigt, et là, faisant

61. Tierce en croix à contre-temps.   62 Quarte basse.

au-dessus de notre tête un angle de 45° en avant et menaçant le côté droit de la tête de l'adversaire, nous tenons sous le fort de la lame tous les temps que celui-ci tenterait de prendre en tierce haute et en prime. S'il essaye de contre-attaquer notre tierce haute par une des trois quartes, il lui faut d'abord changer d'engagement par un large mouvement en dessus (überheben), une sorte de coupé, ce qui nous donne le temps de le suivre. Baissons aussitôt le poing à gauche, de manière à voir par-dessus le bras avec les deux yeux et, ainsi placé, détachons le coup dans la direction que nous avions d'abord choisie.

Le changement d'orientation que le poing placé pour la tierce

63. Tierce haute à contre-temps.	64. Tierce basse.

haute opère afin de s'opposer à une attaque en quarte (*fig.* 61) est ce qu'on appelle : aller et venir, un retour (Ab- und Angehen), passer d'une couverture à une autre.

Si pendant la tierce haute (*fig.* 63) l'adversaire bat tierce basse ou seconde. on n'a qu'à baisser un peu le poing dans le sens vertical.

Le gaucher contre droitier, en observant ce qui est dit ci-dessus, est couvert contre les coups de : quarte haute, prime et tierce haute. Les changements de ligne qui ont couvert le droitier devant droitier, contre la quarte, seront utilisés par le gaucher contre la tierce basse, la seconde et la tierce horizontale

65. Tierce en croix du gaucher à contre-temps. 66. Seconde.

du droitier (*fig.* 65). Quant au changement de ligne qui, dans droitier contre droitier, couvre contre la tierce basse et la seconde, il sera utilisé par le gaucher contre la quarte basse et la quarte horizontale.

31. Couverture et variation en prime.

Attaquant en prime avec le bras bien allongé, comme il a été dit. et le poing au-dessus des deux yeux pour frapper le sommet de la tête de l'adversaire, la direction et la vibration (Schwung) de la lame sont telles que les coups de l'adversaire sont forcément arrêtés au passage par le fort de la rapière et par la monture. Mais s'ils étaient portés sous l'angle maximum, il faudrait contrarier le poing et la lame. dans la direction du contre-coup de l'adversaire. pour s'y opposer. On contrarierait de même les coups bas, comme on l'a vu à propos de la tierce haute, seulement la variation serait moins considérable.

Il va de soi que, dans les oppositions, l'énergie de la vibration communiquée à la lame joue un rôle capital.

En ce qui concerne le gaucher, les couvertures et variations sont analogues.

32. Couverture et variation en quarte haute.

Non seulement le coup de quarte haute est le plus vigoureux de tous après celui de prime, mais il est encore le mouvement capital de l'escrime, à cause de l'emploi aussi varié que fréquent auquel il se prête. surtout dans les duels d'étudiants où la coutume interdit l'emploi de la seconde et de la tierce basse, parce que, sur une parade manquée, ces coups peuvent atteindre l'aisselle. malgré tampons et bandages, et qu'alors, s'il y a rupture d'artère, les soins les plus éclairés du chirurgien ne sont pas toujours capables de prévenir la mort.

Le mouvement, tel qu'il a été expliqué pour toucher, en quarte haute. le côté gauche de la tête de l'adversaire. c'est-à-dire en tenant notre poing élevé en avant du front à gauche. et la lame faisant un angle de 45° en avant, couvre des contre-coups que l'adversaire voudrait porter en même temps, en tierce haute. prime, quarte haute. quarte basse et quarte horizontale. Il est vrai que ces deux derniers ne sont parés que par le crispin.

67 Quarte basse. 68. Quarte haute à contre-temps.

Dans le combat sans équipement protecteur (*fig.* 68), ou dans l'escrime au sabre. si l'adversaire prend un temps en quarte basse, il faut, en baissant un peu la main à gauche. suivre, du plein fort de la lame, le demi-fort de la sienne qu'on arrête. tout en achevant l'exécution du coup de quarte haute. On profite pour cela de ce que le chemin à parcourir, pour développer une quarte basse. est plus long que celui à parcourir en quarte haute (Voir, plus loin, les contre-temps).

Contre le gaucher. et réciproquement, la quarte haute, à cause de ses propriétés de couverture et de vigueur. est également un coup capital. Seulement. en prévision d'un coup simultané. en

69. Quarte basse du gaucher.   70 Quarte haute à contre-temps.

dehors, en quarte haute, horizontale ou basse. on fera bien, en face d'un gaucher. de faire varier le poing à droite. et en bas s'il porte quarte basse (*fig.* 70). afin de tirer le plus grand parti possible du temps qu'il aura mis à dégager en dessus. Un gaucher appuierait le poing à gauche.

Si. dans droitier contre droitier. l'adversaire bat en seconde ou en tierce basse dans le temps de la quarte haute, alors il faudra faire un retour, c'est-à-dire que le poing qui, pour la quarte, était un peu à gauche, sera, pendant la vibration du coup, porté un peu plus bas, et assez à droite pour que le plein-fort de notre lame se replace dans la direction du demi-fort de la

71. Seconde. 72. Quarte haute à contre-temps

lame de l'adversaire et dans celle de sa tête, de manière à s'opposer à sa tierce basse ou à sa seconde, et à pouvoir néanmoins porter la quarte (*fig.* 72).

Nous voyons, par ce qui précède, que la quarte haute, dans l'escrime des Universités, droitier contre droitier, couvre de tous les coups, à l'exception de ceux de tierce basse et de seconde, proscrits par la coutume des étudiants, et à la condition, bien entendu, qu'on ait le poing légèrement à gauche, et non à droite suivant une vieille méthode abandonnée depuis trente ou quarante ans, dans la routine de laquelle quelques maîtres persistent malheureusement toujours.

On verra encore des circonstances dans lesquelles la quarte haute peut être employée avec avantage.

33. Couverture et variation en quarte horizontale et en quarte basse.

Dans les coups bas, la rapière ne faisant plus, comme dans les autres, une sorte de toit au-dessus de la tête, il convient, pour ne pas être touché par un temps que l'adversaire prendrait dans la ligne haute, de tenir le poing plus élevé. Le fort de la lame doit aussi se placer à cette même hauteur au-dessus de la tête pour porter la quarte horizontale. Pour la quarte haute, cette élévation exagérée serait un tort, car elle nous ferait perdre la couverture contre les coups de temps hauts.

L'élévation du poing doit encore être observée dans la quarte basse ; cela permettra de mieux baisser la pointe de la lame et de bien fermer les lignes hautes, grâce à la position très oblique que prendra la rapière. De cette sorte, dans les deux attaques de quarte, nous serons couverts contre tous les coups admis par la coutume, et nous ne serons forcés à une variation de la main que si l'adversaire nous contrebat tierce basse ou seconde : alors, en portant le coup, nous baisserons le poing à droite, comme dans la variation en quarte haute.

L'adversaire pourrait se mal trouver de risquer les faibles coups de tierce basse et de seconde contre les vigoureux coups de quarte, parce qu'il nous présenterait le plat de sa lame, qui n'a pas la résistance du tranchant.

34. Couverture et variation en tierce basse et en seconde.

Comme, pour l'exécution de ces coups, on a la main haute et à gauche, on est couvert en tierce haute, quarte haute et quarte horizontale. Mais si, dans le temps de l'un ou de l'autre (Voir *fig.* 49 et 50. § 24. Le Manuel donne les mêmes figures. 73

73. Quarte basse.   74 Pare.

et 74. mais sans la fente et vues de l'autre côté), l'adversaire bat quarte basse, ce qu'on a de mieux à faire, c'est de passer à la parade de quarte basse en tournant vers la gauche le tranchant qui barrera la quarte basse, après avoir été primitivement tourné du côté de l'adversaire.

On ne pourra se dispenser de cette variation que si on est

LES PRINCIPES DE L'ENGAGEMENT.   63

beaucoup plus vigoureux que lui, parce que la quarte basse est un coup plus vibrant que les deux autres, et, en plus, qui porterait sur le plat de la lame, lequel n'offre pas la même résistance que le tranchant. Mais si contre ces deux mêmes coups l'adversaire fournit une tierce basse ou une seconde, on sera forcé de diriger en avant, vers la droite, le tranchant de la lame tourné d'abord du côté du visage de l'adversaire, et de baisser

75. Pare.   76. Tierce basse.

en même temps le poing pour trouver sa tierce et parer son coup de temps. Cela fait, on reviendra à la tierce basse que, cette fois, l'adversaire sera bien obligé de parer (Voir *fig.* 55 et 56, § 26). Je donne ici les figures 75 et 76, du Manuel, qui font également bien comprendre la position des tireurs.

Dans le combat de gaucher contre droitier, on est, pendant

la tierce basse et la seconde. couvert contre la quarte haute, la prime, la tierce haute et même, à certaines conditions. contre la tierce basse et la seconde. Mais si l'adversaire, battant simultanément un de ces deux coups. a trompé notre lame de manière à placer la sienne en dessous, le droitier est obligé, pendant le développement du coup, de modifier son mouvement. de tour-

77. Pare   78. Seconde

ner à droite son poing et le tranchant de la lame, pour l'opposer à la seconde ou à la tierce basse du gaucher, afin de pouvoir aller à la parade (Voir *fig.* 52 et 53. § 25. Je donne les figures 77 et 78 du Manuel, qui sont semblables. On remarquera seulement que la variation est exécutée par un droitier. tandis que le coup, au lieu d'être porté par un gaucher, est porté par un droitier). Dans les mêmes circonstances, le gaucher, pour sa protection, contrarie à gauche (*fig.* 79).

Si aucune des explications qui précèdent ne peut remplacer une démonstration pratique, elles auront du moins l'avantage de conduire à raisonner l'exécution des coups et à permettre d'en tracer correctement le dessin.

79. Le gaucher pare.   80. Quarte basse.

A la salle d'armes, on se gardera soigneusement de noyer l'élève dans un flot de paroles, et l'on s'attachera à l'instruire surtout par l'exemple. Il ne pourra pas, en effet, songer à devenir habile, ni à pénétrer dans la connaissance de la valeur des coups, s'il n'a réussi, auparavant, à les exécuter d'une manière absolument mécanique et instinctive.

35. Examen comparatif des deux sortes de rapières.

Roux place cet examen avant les couvertures et les variations. Comme ces dernières surtout exigent une grande souplesse de main, il m'avait semblé qu'il convenait de les connaître avant d'examiner dans quelle mesure les deux sortes de rapières s'y prêtent.

On a vu à propos du fouettement que, si l'on veut donner au coup toute la force et toute la portée dont il est susceptible, il faut laisser glisser la poignée dans la main, sans qu'elle tourne et sans que les trois derniers doigts en perdent le contact. Il n'y a que dans les coups de seconde et de tierce basse que l'on ne cesse pas de la tenir ferme.

81. La rapière à panier.

Le fouettement doit être possible avec toutes les armes bien faites, qu'elles soient de l'un ou de l'autre modèle, mais on ne saurait méconnaître que les avantages d'une monture, ou ses inconvénients, ne justifient les prédilections ou les répugnances des tireurs. Dans le cours de mes leçons, dit Roux, j'ai souvent remarqué que, pour la plupart des commençants, le fouettement, en particulier en tierce haute, est plus facile avec la rapière à panier qu'avec la rapière à cloche ; par contre, j'ai observé aussi qu'ils donnent le coup de quarte bien plus vigoureusement, et en faisant agir l'articulation de la main, lorsqu'au lieu de la rapière à panier ils se servent de celle à cloche.

Voici pourquoi la monture à panier se prête mieux à l'exécution de la tierce haute : le pouce est placé sur la partie lisse de la poignée, en opposition avec le doigt indicateur, de sorte que, même lorsqu'il recule de trois centimètres le long de la fusée, il ne cesse pas de faire sentir, pour la tenue de l'arme, une action qui persiste pendant le fouettement. La phalange médiane du doigt indicateur ne quitte pas l'œillet, et tous les autres doigts restent fermés. De cette manière, on peut atteindre l'adversaire en tierce haute de beaucoup plus loin, et s'il faut revenir à la parade, on peut utiliser les doigts qui n'ont pas perdu prise (*fig.* 81).

Il en est tout autrement avec la rapière à cloche. On sait que sa tenue dépend de la position du doigt indicateur sur la partie du pontet située du côté de la boucle ou branche ; le pouce, qui repose sur la face opposée de la poignée, ne produit pas l'opposition de cette manière seulement, mais encore par son appui sur le pontet.

La tenue de l'arme est naturellement très ferme puisque les doigts sont serrés perpendiculairement à la direction de la poignée (*fig.* 82). En raison de l'extension horizontale du bras et de la position de prime affectée par le poing, la lame est à peu près verticale. Si l'on examine maintenant, en plaçant le bras et le poing de la même façon, la position de la rapière à panier, on verra clairement que la pointe de cette dernière est plus près de la tête de l'adversaire que celle de la rapière à cloche, et que le chemin qu'elle parcourra pour l'atteindre est bien moindre.

Et comme le mouvement nécessaire du poing dépend principalement de l'articulation du poignet, celle-ci est forcée, avec la cloche, d'agir bien davantage, lorsqu'il s'agit de frapper en tierce, qu'avec le panier. Cela est sensible, non seulement dans les coups, mais aussi dans le fouettement. Si on voulait laisser glisser la rapière à cloche autant que celle à panier. les quatrième et cinquième doigts échapperaient la poignée. et on ne serait plus maître de l'arme.

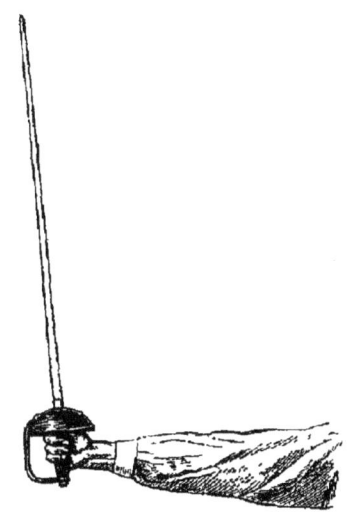

82. La rapière à cloche.

En revanche. la rapière à cloche a aussi des avantages. Elle fatigue moins les doigts : de plus, un tireur robuste placé en face d'un plus faible qui se sert de la rapière à cloche ne risque plus. en lui portant des coups brutaux sur la monture, de lui écraser le pouce contre le fond, ce qui arrive facilement avec la rapière à panier. et de le mettre ainsi hors d'état de riposter. Si, au contraire. c'est le plus fort auquel il arrive d'avoir les doigts froissés, le plus faible en prend avantage et touche très bien son adversaire sous la lame.

Pour apprécier la valeur des deux espèces d'armes, il n'y a pas de meilleur moyen que de pratiquer les exercices de coups, parades, feintes, etc., indiqués plus loin dans l'instruction, pour assouplir le poignet et fortifier les doigts. On a cherché à empêcher l'échappement des deux derniers doigts, tel qu'il se produit avec la monture à cloche pendant le fouettement en tierce, en adoptant une poignée arquée dont la courbe est dirigée en avant; mais cela ne procure pas les avantages spéciaux de la monture à panier. Quand même une poignée courbe maintiendrait mieux qu'une droite le contact du petit doigt, le pouce obligé, dans sa position initiale, d'être fortement appuyé sur le pontet, ne pourrait jamais glisser en arrière que juste ce qu'il faut pour que sa première phalange n'échappe pas. Le fouettement en tierce n'est donc pas assuré.

En résumé, chacune des rapières ayant des avantages, on ne peut affirmer que l'une ait sur l'autre une supériorité marquée. Dans ma pratique de maître, je constate quotidiennement, dit Roux, chez ceux qui se servent alternativement du panier contre la cloche, et réciproquement, que toujours l'escrime est soumise aux mêmes lois, et qu'avec une arme, tout aussi bien qu'avec une autre, on peut se couvrir régulièrement.

Mais comme la tenue de chaque rapière est différente de celle de l'autre, il n'en est que plus important de s'accoutumer à toutes deux : les figures de Roux ainsi que celles du Manuel représentent tantôt la cloche, tantôt le panier. En effet, il n'est pas dit qu'un tireur adroit avec l'une des armes, le sera autant avec l'autre. Plus d'un escrimeur se tenant pour habile, après avoir longtemps méconnu cette vérité, a eu la surprise désagréable de l'apprendre en duel, à ses dépens.

Bien que l'usage semble avoir sanctionné le jugement de Roux, Schulze rejette l'emploi de la rapière à cloche. Cette arme, dit-il, ne garantit pas suffisamment le poing; sans doute, on peut remédier à ce défaut par le rembourrage du gant, mais alors les mouvements sont gênés. La cloche favorise chez les élèves la mauvaise habitude de faire les mouvements avec tout le bras, au lieu de n'employer que l'articulation de la main. La rapière à panier, ou de Gœttingue, permet un jeu infiniment plus rapide et plus fin, et elle exige moins d'efforts. On peut s'en convaincre si l'on compare les deux armes dans un assaut. On a constaté aussi que les blessures faites par la rapière à cloche étaient de beaucoup les plus graves. Il est donc fort regrettable, selon Schulze, que l'usage des deux rapières se soit maintenu concurremment. Il est vrai, ajoute-t-il, qu'il n'y a guère que six Universités où l'on ait conservé la rapière à cloche et qu'elles sont toutes dans l'Allemagne du Nord.

Quant à Fehn, en ne donnant ni la description ni l'image de cette rapière, il paraît en rejeter absolument l'emploi.

LES PARADES

36. Des parades en général.

Parer, c'est opposer son arme, de façon à ne pas être touché, à celle de l'adversaire qui attaque. Pour parer un coup, on a dû préalablement s'exercer à le voir venir. C'est là, incontestablement, une des grandes difficultés de l'escrime. Il est indispensable de mettre d'autant plus de persévérance à la vaincre que l'on peut employer souvent plusieurs parades, comme on le verra à propos de la tierce horizontale et d'occiput, et qu'il faut savoir discerner avec promptitude celle qui convient le mieux dans l'occasion (*fig.* 83).

Tous les coups peuvent être sûrement reconnus au mouvement du poing qui, pour chacun d'eux, débute d'une façon qui lui est particulière. Se figurer qu'on devinera les intentions de l'adversaire dans ses yeux est un préjugé malheureusement

83. Tierce haute à contre-temps.   84. Tierce haute.

répandu. Un tireur tant soit peu rompu à l'escrime dirige très bien son regard ailleurs que sur le point qu'il veut frapper. Il n'y a que les tireurs timides et empruntés dont le regard trahisse les desseins, parce que l'escrime leur est si pénible, qu'avant de porter un coup ils ont besoin d'avoir dans l'œil le point qu'ils veulent toucher. Tout homme est maître d'ouvrir les yeux et d'observer le jeu des muscles de son adversaire. On sera donc attentif à ne pas perdre de vue le poing de celui avec lequel on aura croisé le fer.

Pour savoir nettement discerner les mouvements, on devra l'avoir appris d'un maître qui ait montré les coups, en les exécutant avec lenteur d'abord, puis qui en ait fait saisir méthodiquement les différentes phases, de manière à les fixer dans

85. Quarte haute.   86. Pare.

la mémoire de son élève par l'éducation progressive des yeux.

La parade en pointe abattue a toute son efficacité lorsque l'on oppose à l'attaque le tranchant et le fort de la lame, en appuyant celle-ci de toute la vigueur du bras bien sorti de l'épaule. Dans l'escrime des Universités, on pare aussi avec le crispin.

D'après Schulze, on nomme angle de parade (Parir-Winkel)

cette partie de la rapière où le tranchant, au plein-fort, fait un angle avec la platine, près du talon, là où l'on peut déployer le plus de force.

Il y a naturellement autant de parades que de coups, et nous allons les passer en revue séparément, non pas dans le même ordre que ces derniers, c'est-à-dire en faisant le tour de la tête en commençant par les coups hauts, mais dans un autre, suivant lequel il est important ou commode de les étudier.

87. Quarte horizontale.　　　　　　88. Pare.

37. Parade de la quarte haute et de la quarte horizontale.

La première parade à posséder est celle contre la quarte haute (Voir *fig.* 42 et 47, §§ 22 et 23. J'ai donné ici les figures 86 et 88 du Manuel, qui sont semblables), parce que, demandant un engagement large, ce coup est plus facile à reconnaître, pour les commençants. que la prime, la seconde ou la tierce. Une autre raison pour apprendre d'abord à parer ce coup vient de ce qu'il est un des plus avantageux et, par conséquent, un des plus employés.

89. Le gaucher pare sur le crispin.   90. Quarte haute.

Pour parer quarte haute : maintenir la pointe abattue ; diriger du côté gauche de sa tête le fort et le tranchant de la lame ; heurter, choquer celle-ci (drücken, stossen), le bras franchement sorti de l'épaule, contre la lame de l'adversaire.

La position du poing, les jointures en dessus (Voir *fig.* 12 à 15. § 13. et 78,`§ 34). étant la même dans la garde. le coup de seconde et la parade de quarte, nous appellerons désormais aussi bien la garde que la parade : garde haute en seconde pointe abattue, ou simplement : garde en seconde (hohe verhangene in Sekond).

Contre la quarte horizontale, on ramènera légèrement la

91. Parade de quarte.

pointe à sa droite avant le choc. Dans la parade contre l'une et l'autre quarte, tenir la main assez haut pour se couvrir la tête, au moyen du crispin, contre une tierce ou une prime qui pourraient la menacer.

Dans le combat de gaucher contre droitier, la quarte haute sera parée par la tierce (comme la tierce dans droitier contre droitier) ou, si l'on veut, en faisant garde en seconde et en arrêtant sur le crispin (*fig.* 89).

Un gaucher contre un droitier, attaqué en quarte horizontale, parerait avec une seconde baissée, comme il ferait pour une quarte basse (Voir *fig.* 79 et 80, § 34).

Par la figure 91, l'on a vu la parade de quarte de Fehn, qui l'exécute d'une façon un peu différente, ce qui s'explique,

92. Parade de prime.

puisque sa garde n'est pas tout à fait celle de Roux. Par un mouvement d'épaule, la main partant de la position de garde est poussée en avant, en haut et à gauche, assez pour que l'on puisse voir facilement sous le panier, derrière le dos de la lame dont la pointe oblique vers le bas. L'articulation de la main est fléchie de telle sorte que le tranchant de la lame soit tourné plutôt en dessus qu'en avant.

Fehn recommande de ne pas serrer trop le pouce, ce qui ferait remonter la pointe de la lame et permettrait à l'adversaire, en passant dessous, de toucher au visage. En effet, dit-il, dans les premiers temps de l'instruction, il est difficile de distinguer s'il portera quarte haute ou quarte horizontale.

93. Prime.   94. Pare.

38. Parade de la prime ou coup de tête.

La figure 92 donne la parade de prime de Fehn.
Dans droitier contre droitier (*fig* 94) et aussi dans gaucher

contre droitier, pour parer : choquer avec le bras et la lame, en avant et en haut, de manière que la pointe soit une palme plus bas que la monture, la monture elle-même plus haut que dans les parades de tierce et de quarte.

Il est aisé de remarquer la grande analogie de cette parade de quarte allemande avec celle de même nom dans notre escrime à la pointe et à la contre-pointe.

95. Tierce haute.   96. Pare avec la lame.

39. Parade de la tierce haute.

Pour parer la tierce haute, au départ de la position de garde (Voir *fig.* 36 et 37 du § 22. et 96, du Manuel), porter le poing. avec la lame, vivement à droite et en haut, de façon que la pointe de la lame soit d'une palme au-dessus du fort de la lame de l'adversaire et aille se placer du côté droit de la monture de la rapière. Le poing doit être tenu au-dessus de l'épaule droite, et la lame doit faire un angle de 90° avec la verticale du tireur. On peut aussi. en prenant la garde en seconde. parer avec le crispin (*fig.* 97).

97. Pare avec le crispin.   98 Tierce haute

Dans gaucher contre droitier, la tierce haute sera parée comme la quarte haute dans droitier contre droitier, c'est-à-dire. avec la lame. par la garde en seconde (*fig.* 100).

Schulze est plus que bref au sujet des parades. car il consacre à peine trois ou quatre lignes à chacune d'elle.

On verra ici comment Fehn donne la parade de tierce.

parade qui lui sert également contre la quarte en croc (*fig.* 101). On remarquera combien la main est portée à gauche, ce qui indique, bien que le crispin ne soit pas figuré, que la parade a lieu avec le bras.

Fehn ne considère pas comme pratique de parer avec le panier, parce que les côtés de quarte se trouvent alors beaucoup trop découverts. Quand le bras, dit-il, est bien pourvu de ban-

99. — Tierce haute du gaucher.   100. — Pare avec la lame.

dages, on jouit du très grand avantage de pouvoir l'employer à la parade, dite par le crispin.

Cette observation semble juste lorsque l'on compare attentivement les figures 95 et 96, du Manuel, et 36 et 37 de Roux, § 21, montrant la parade de la lame, avec les figures 3 et 4.

§ 6 du Manuel, et 97 et 98 de Roux, présentant la parade du crispin. Évidemment, par cette dernière, on est mieux couvert; malheureusement elle devient impraticable dans des circonstances avec lesquelles il faut bien compter, c'est-à-dire, lorsque le combat a lieu sans équipements protecteurs, et L.-C. Roux. il faut lui rendre cette justice, ne perd jamais cela de vue.

101. La parade de tierce et de quarte en croc.

Du reste, la violence des coups de rapière appliqués par certains tireurs est souvent telle, que malgré crispins et brassards, si on a recours trop fréquemment à la parade du bras, on finit par avoir celui-ci complètement endolori, et alors il ne rend plus que de mauvais services.

40. — Parade de la seconde et de la tierce basse.

On tourne le tranchant qui, dans la position de garde, était dirigé en dessus et à gauche, vers la droite en dessous, et l'on

102. Parc.   103. Seconde.

oppose vigoureusement le fort et le tranchant de la lame à la seconde ou à la tierce de l'adversaire (*fig.* 102 et 104). La pointe restera basse et tournée vers lui obliquement, et de telle façon que, s'il voulait entrer en courte mesure, il ne puisse empiéter. C'est dire que la pointe de la lame sera toujours dirigée vers l'intervalle qui se trouve entre les bouts des pieds. Contre la tierce basse, il faudra, en outre, appuyer un peu plus à droite et en bas le fort de la lame.

Dans gaucher contre droitier, seconde et tierce basse seront parées comme quarte basse dans droitier contre droitier, avec cette différence que la pointe devra aller encore plus loin, c'est-

104. Paré. 　　　　　　　　　105. Tierce basse.

à-dire atteindre la ligne de mesure, mais sans dépasser la pointe du pied qui est en avant (*fig.* 106 et 108).

On suivra aussi la parade sur la figure 110. de Fehn. Celui-ci indique encore une autre parade avec le dos de la lame qui est tourné à droite (*fig.* 111). Toutes deux serviront également contre la tierce horizontale.

84 L'INSTRUCTION.

Suivant Fehn et le Manuel, on nomme lardeur (Spicker) le gaucher qui porte des coups de seconde (Voir *fig.* 54, § 25), tierce basse et tierce horizontale. La parade contre ces coups ne diffère pas sensiblement de la garde, comme on peut le voir dans les figures, tirées du Manuel 112 et 113, qu'on peut comparer avec les figures 13. § 13. 86. § 37 et 106, 108.

106. Le gaucher pare.   107. Tierce basse.

Ici je crois pouvoir placer quelques observations qui me sont suggérées par la comparaison des différentes escrimes et l'étude pratique que les maîtres en faisaient autrefois.

De tous les coups de l'escrime allemande, c'est celui de seconde qui fait tenir la main le plus haut, la pointe le plus bas; la parade du coup de seconde fait baisser à la fois la pointe et la main plus que toute autre parade (*fig.* 102). Or ce coup et ceux qui s'en rapprochent trouvent des analogues plus facilement dans notre escrime à la pointe que dans notre contre-pointe. Et s'il pouvait y avoir un point de contact entre les deux escrimes, c'est peut-être là qu'il faudrait le chercher. Cela

108. Le gaucher pare.   109. Seconde.

tient sans doute à ce que, d'une part, nous comptons un assez grand nombre de coups et de parades, où la pointe est plus bas que la main et, d'autre part, à ce que le coup de rapière, bien qu'étant un coup de tranchant, se donne dans la majorité des cas seulement avec l'extrémité de l'arme, de telle façon que le centre de choc peut se confondre presque avec la pointe. Après cela, une différence consistant en ce que dans une école on ne prend pour objectif que la tête seule, et très exceptionnellement le tronc, tandis que dans l'autre on vise au tronc plutôt qu'à la tête, devient secondaire.

110. Parade de seconde, tierce basse et tierce horizontale.

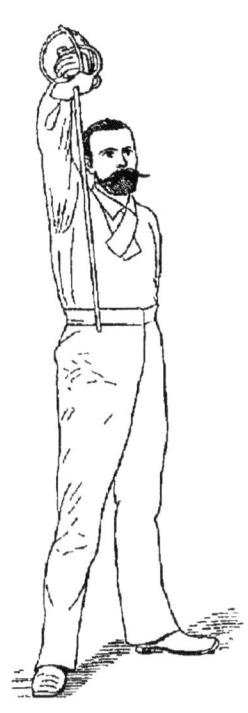

111. Autre parade de seconde

Aux XVIIe et XVIIIe siècles, lorsque les escrimeurs se divisaient encore en écoles très caractérisées par la position de la main, du corps, etc., et même par la nature des armes qu'elles employaient, chacune d'elles se préoccupait des conditions du combat vis-à-vis d'un adversaire, procédant d'une façon spéciale avec une arme spéciale. La littérature de l'escrime des

Français, des Espagnols, des Italiens, fournissait des indications à ce sujet, mais celle des Allemands, si elle existait, était moins explicite. Les maîtres de notre pays étaient néanmoins parfaitement au courant de tout ce qui se passait; on peut en juger par l'extrait suivant de l'Encyclopédie :

« Les Allemands se mettent en garde, la main tournée les ongles en dessous et fort élevée, présentant la pointe au bas-

112. Tierce basse du gaucher.   113. Pare.

ventre de l'ennemi : ils ont le genou droit plié, et plusieurs ont le jarret gauche tendu..... Pour combattre cette garde, je la fais d'abord *imiter* hors de mesure, et engager la pointe de l'épée au dehors des armes, les ongles tournés en dessous, faisant de petits appels du pied, serrant imperceptiblement le pied gauche pour entrer en mesure, sans que l'ennemi s'en aperçoive, et lorsqu'il fait un mouvement pour toucher l'épée dehors des armes, je fais dégager vite *par-dessus* sa lame et tirer ferme, au dedans des armes, du fort au faible, le poignet tourné quarte et soutenu à gauche, puis redoubler du coup repris de *prime*, sans dégager, toujours la main opposée, et faire retraite en donnant un coup de *fouet*. »

114. Quarte haute du gaucher à contre-temps.   115. Tierce haute.

41. — Parade de la tierce horizontale et d'occiput.

La meilleure défense contre ces coups, bien connus comme faibles, est un bon contre-temps en tierce haute (Voir § 75). Du reste, on peut les parer comme une tierce basse donnée trop haut ou une tierce haute donnée trop bas (Voir *fig.* 83, 84, § 36).

Dans gaucher contre droitier, on parera la tierce horizontale, comme une tierce haute, par la garde en seconde ; mais le mieux sera encore une bonne prime ou quarte haute, détachée à contre-temps (*fig.* 114).

42. — Parade de la quarte basse.

Pour parer quarte basse (*fig.* 116), on s'y prend comme pour la quarte horizontale. Étendre le bras au-dessus de la tête, en le sortant bien de l'épaule, et porter franchement la main à gauche, pour opposer le tranchant du fort de la lame à la quarte basse.

En même temps, la pointe rera ramenée à droite, sur la ligne de mesure, jusqu'à ce qu'elle se trouve précisément au milieu du corps, et sans qu'elle aille plus en avant que la pointe du pied droit.

Dans gaucher contre droitier, la quarte basse, comme dans droitier contre droitier, sera parée en baissant la garde en seconde (Voir *fig.* 79 et 80 du § 34); mais comme c'est un coup qui peut atteindre, de la part du gaucher, l'aisselle, comme la tierce basse du droitier, il est généralement interdit par les étudiants.

Tous les coups et parades de gaucher contre gaucher sont absolument symétriques à ceux de droitier contre droitier et, en conséquence, faciles à concevoir.

Ce qui précède, en faisant bien comprendre ce que sont les découverts, est une introduction à l'étude des feintes, qui servent à les provoquer. Je me garderai bien, dit Roux, de conseiller à mes élèves de s'exercer seuls, c'est-à-dire loin de l'œil du maître.

à l'étude des coups et des parades. Cela ne peut que nuire et conduit à un jeu superficiel.

Il ne faut pas non plus permettre aux élèves de s'exercer entre eux avant qu'ils ne soient bien confirmés dans la connaissance de toutes les règles de l'escrime, et cela n'arrivera que si le maître prend la peine de s'occuper de chacun d'eux. Une

116. Pare. 117. Quarte basse.

instruction trop rapide et hâtive s'oublie vite et produit de détestables tireurs.

Avant de passer à la pratique des parades, il est bon de s'exercer préalablement aux feintes, qui ont l'avantage de délier le poignet, ce qu'on ne saurait chercher trop tôt à obtenir.

LES FEINTES

43. Objet des feintes.

Les feintes ont pour objet d'engager l'adversaire à se découvrir. Un tireur y a recours lorsque ses coups sont parés.

Souhaitons-nous, par exemple, que notre adversaire se découvre en prime, il nous réussira peut-être de l'attaquer en seconde, mais sans mener le coup plus loin qu'il n'est nécessaire pour lui faire supposer que nous le développerons à fond. Si l'adversaire croit devoir parer la seconde, nous changeons rapidement notre engagement en celui de prime, où il nous a ouvert le jour désiré en courant à seconde. C'est là le principe des feintes.

Comme les coups bas : seconde et tierce basse, réputés dangereux pour l'aisselle, sont prohibés par la coutume, il est clair que leur emploi comme feintes sera limité. Mais comme exercices, ils délient le poignet, et rien ne donne plus de coup d'œil que de s'habituer à les parer. Le premier temps d'une feinte ne doit être marqué qu'avec un élan que l'on puisse encore arrêter pour retourner à la véritable attaque. A cause de cela, certains tireurs, par crainte aussi d'un coup en contre-temps, marquent beaucoup trop faiblement leurs feintes. « Leur retenue n'a pas
« de raison plausible, a écrit mon père (F.-A.-W.-L. Roux,
« 1867, Iéna), dans son livre sur le duel. Un bon tireur peut
« tout risquer du moment qu'il sait où il laisse des découverts
« et où il n'en laisse pas. Il en serait autrement si l'on disait :
« dans la pratique, notamment du duel d'étudiants, un fort
« tireur peut se passer de feintes. » La pratique des feintes

donne une bonne position à la main de l'élève dans tous les engagements ; il est obligé de se servir du poignet. ce qui est absolument indispensable pour se couvrir, assurer ses coups et revenir à la parade.

Les feintes sont : simples, doubles, hautes, basses, en dedans, en dehors, et on les emploie aussi bien pour l'attaque que pour la riposte après la parade. Chaque feinte tire son nom de l'engagement du coup qu'elle simule.

44. Les feintes simples et leurs parades.

On emploie les feintes simples quand l'adversaire pare régulièrement les coups simples. Pour faire une feinte, incliner le haut du corps en avant, dégager aussi serré, aussi couvert que s'il s'agissait d'un coup réel, et se fendre pour porter le coup qui suit la feinte.

Les feintes, ayant pour objet de donner le change, doivent ressembler le plus possible au coup qu'elles simulent, et le coup réel doit être frappé avec toute la rapidité et toute la vigueur possibles, sans négliger la couverture.

On va au-devant des feintes au moyen des parades qui ont été décrites ci-dessus, mais sans arriver au choc que l'on réserve pour le coup réel. Les feintes peuvent aussi être déjouées par des coups de temps (Voir § 72 et suiv.).

Exemples :

	Feintes.	Coups.
1.	Quarte haute.	tierce haute.
2.	Tierce haute.	quarte haute.
3.	Seconde.	prime.
4.	Prime.	quarte horizontale.

LES FEINTES.

Feintes.	Coups.
5. Prime,	seconde.
6. Prime.	tierce haute.
7. Tierce haute.	quarte basse.
8. Tierce basse.	quarte haute.
9. Tierce haute.	tierce basse.
10. Tierce basse.	tierce haute.
11. Tierce haute.	quarte horizontale.
12. Prime.	quarte haute.
13. Quarte haute.	quarte basse.
14. Quarte haute.	tierce basse.

45. Les feintes doubles.

Les feintes doubles s'emploient lorsque l'adversaire pare régulièrement les feintes simples. Elles se distinguent de ces dernières en ce qu'au lieu de marquer un seul coup, elles en représentent deux avant le coup définitif.

Faire plus de deux feintes, c'est-à-dire trois, quelquefois quatre, n'est pas rationnel, car si l'adversaire a été dérouté et s'est trompé encore à la deuxième feinte, il se remettra vite et aisément si nous en faisons une troisième. Ou bien, s'il a paré le coup de la deuxième feinte, on peut être sûr qu'il parera aussi celui de la troisième et de la quatrième, ou qu'il saura les interrompre par un coup de temps.

EXEMPLES :

Premières feintes.	Deuxièmes feintes.	Coups.
1. Quarte haute.	tierce haute.	quarte haute.
2. Tierce haute,	quarte haute,	tierce haute.
3. Seconde.	prime.	seconde.

	Premières feintes.	Deuxièmes feintes.	Coups.
4.	Prime.	seconde.	prime.
5.	Seconde.	prime.	tierce haute.
6.	Seconde.	prime.	quarte haute.
7.	Tierce basse.	quarte haute.	tierce haute.
8.	Quarte haute.	tierce haute.	quarte basse.
9.	Tierce basse.	tierce haute.	tierce basse.
10.	Tierce haute.	tierce basse.	tierce haute.
11.	Quarte haute.	tierce haute.	quarte horizontale.

46. Les feintes en cercle.

Les feintes en cercle (Kreisfinten, Zirkelhiebe) ne peuvent trouver aucun emploi dans la pratique, mais elles sont de la plus haute importance comme exercices techniques, parce qu'elles délient le poignet encore mieux que les feintes ordinaires. Voici comment on les exécute :

Bien serrer la poignée, donner à la lame un vigoureux élan en engagement de quarte basse, décrire un cercle assez large pour passer sous la garde pointe abattue et le poing de l'adversaire et, du même mouvement, ou appliquer un coup, ou marquer une feinte simple qu'on fera suivre d'un coup.

EXEMPLES :

	Feintes en cercles.	Coups.
1.	Feinte en cercle.	quarte haute.
2.	—	tierce haute.
3.	—	tierce basse.
4.	—	quarte basse.

LES FEINTES.

	Feintes en cercle.	Feintes.	Coups.
1.	Feinte en cercle,	quarte haute,	tierce haute.
2.	—	tierce haute,	tierce basse.
3.	—	tierce haute.	quarte haute.
4.	—	tierce basse.	quarte haute.
5.	—	quarte haute.	quarte basse.
6.	—	tierce basse.	tierce haute.
7.	—	tierce haute.	tierce horizontale.

Un autre cercle, très avantageux pour assouplir le poignet de l'élève, consiste à lancer en cercle la lame autour de celle du maître, qui s'est placé en parade de tierce. De cette manière, la lame se meut d'abord de gauche à droite, en haut, et ensuite à gauche par en bas; mais pendant toute sa révolution, le tranchant reste en dessus. A cette feinte succède, comme à la précédente, une feinte simple ou un coup simple.

Exemples :

	Feintes circulaires.	Coups.
1.	Feinte circulaire.	tierce haute.
2.	—	quarte haute.
3.	—	quarte basse.

	Feintes circulaires.	Feintes.	Coups.
1.	Feinte circulaire,	tierce haute,	tierce basse.
2.	—	tierce basse,	quarte haute.
3.	—	quarte haute.	quarte basse.
4.	—	tierce haute.	quarte haute.
5.	—	tierce haute.	quarte horizontale.

Pour exercer un gaucher aux feintes en cercle, le maître doit prendre lui-même la rapière de la main gauche.

Ces exercices amènent des résultats excellents et ils sont bien connus. Cela n'empêche pas des gens qui se donnent pour maîtres d'armes de ne s'en servir jamais. Alors on trouve des tireurs au poignet raide, qui vous disent : « Il est bien plus aisé de porter un coup que de faire une feinte ». Sans doute, mais il ne faut pas oublier que si l'on tient à une instruction solide, il n'est possible de savoir bien porter un coup que si l'on s'y est préparé par des exercices préliminaires. Souvent maître et élève sont pressés et se dépêchent, l'un de faire tirer, l'autre de tirer quatre ou cinq coups dans une leçon, ce qui pourrait encore aller si le maître continuait à s'occuper seul de son élève. Mais au bout de la sixième ou de la septième leçon, il met des élèves ensemble et les exerce au commandement. Et c'est ce qu'on appelle des exercices pratiques ! Pour le maître, c'est pratique, parce que cela lui permet de donner du matin au soir un joli nombre de leçons ; quant à l'élève, il n'apprend rien. Moi aussi, ajoute Roux, je mets mes élèves en garde par couples, mais pas avant que je ne leur aie moi-même enseigné à bien exécuter chaque coup.

LES RIPOSTES

47. Du coup initial et de la riposte en général.

Les ripostes, après le coup initial, et leurs parades, forment une série assez compliquée ; il est bon de connaître à l'avance comment elle a été établie.

On y trouvera d'abord tous les coups et mouvements admis

par la coutume des étudiants, puis ceux qui ne tiennent pas compte de cette coutume. Après l'indication du coup initial, on verra les différentes ripostes auxquelles il donne lieu, puis les parades de ces mêmes ripostes. Les explications sur le jeu du droitier, pour toute la série des coups, seront reprises ensuite pour le jeu du gaucher.

Deux adversaires se faisant face, le premier coup porté par l'un ou l'autre se nomme coup initial (Anhieb), et celui par lequel l'autre réplique se nomme riposte (Nachhieb). Le coup initial a généralement pour objet d'ouvrir le combat. Avec un tireur que l'on ne connaît pas, on fait bien de le porter, à fond sans doute, mais en ayant soin de rester assez maître de son arme pour être couvert contre un coup de temps et pour pouvoir revenir librement à la parade.

J'ai cru devoir traduire « Nachhieb » coup après, arrière-coup, coup suivant, par riposte, d'autant que la plupart des coups qui seront expliqués viennent après la parade. Cependant, la même expression sert, comme on le verra plus loin, à désigner des coups qui interviennent dans la phrase d'escrime, après le premier coup, sans être précisément des ripostes ni des coups de temps. Peut-être alors le terme de réplique leur conviendrait-il mieux.

On désigne encore sous le nom de coup d'après (Nachhieb), celui que l'un des adversaires porte dans un duel après que le témoin ou second (Sekundant) a commandé : Halte! Cessez! Celle des parties à laquelle il serait arrivé trois fois de porter un coup après le commandement serait expulsée du terrain et mise en interdit d'armes (Waffenverruf).

Un tireur qui se laisse attaquer deux ou trois fois de suite par son adversaire, et qui ne contre-attaque ou ne riposte pas, est considéré comme une mazette ou un poltron.

Si, après une attaque qu'il a repoussée, un tireur porte deux coups consécutifs sans se remettre en garde (c'est-à-dire du même mouvement de main suivi), on ne dira pas que ce sont deux ripostes, mais que c'est un double coup.

La riposte est plus avantageuse que le coup initial, parce que ce dernier a déjà enlevé à celui qui le porte une partie de ses moyens, à cause de l'effort qu'il lui a coûté. Comme, après le coup initial, il faut revenir à la parade par une voie déterminée, la défense contre la riposte demande plus d'habileté que la parade du coup initial, pour laquelle, lorsqu'on est en garde, un léger déplacement du poing suffit.

Tous les coups expliqués précédemment peuvent être employés aussi bien pour riposter que pour attaquer. Si l'adversaire que nous avons en face de nous tire régulièrement, nous pourrons constater que toutes les fois qu'il nous portera un coup initial, il sera couvert et prêt à une variation du poing au cas où nous essayerions un coup de temps. Dans tout coup initial, puisqu'on ne peut être couvert de tous côtés, il y a donc un découvert qu'il importe de couvrir aussitôt après l'attaque. On conclura de ce qui précède que, pour bien riposter, le premier soin est d'observer :

1° De quel côté l'adversaire se couvre dans une attaque, et de quel côté il ne se couvre pas ;

2° Comment il s'y prend pour parer la riposte.

48. — Les ripostes admises par la coutume, après une attaque en quarte haute de droitier, D, contre droitier, D'.

Roux suppose une attaque en quarte haute et examine successivement : la parade, les différentes ripostes, les parades de chacune d'elles. Il tient compte de trois sortes de parades : la parade pointe abattue ou garde en seconde. la parade avec rebondissement de lame. la parade par le crispin.

Sur quarte haute. on ripostera : en quarte haute, quarte basse ou horizontale. en tierce haute.

49. Première riposte : en quarte haute sur la lame ; D, D'.

La première chose à observer. c'est comment l'adversaire pare la riposte en quarte, et s'il donne un choc ferme ou non. Dans ce dernier cas, à la première riposte en quarte haute, on prendra. pour l'envoyer. son élan par la parade même sur la lame de l'adversaire. Un exemple va faire comprendre comment cet élan peut être pris sur sa lame et comment, en même temps. on peut se couvrir. c'est-à-dire porter légèrement le poing à gauche. Nous savons que la parade de quarte s'obtient en donnant. du fort et du tranchant de la lame, un choc sec à gauche. en sortant bien le bras de l'épaule. Si, en donnant ce choc. on dirige la pointe assez bas pour qu'une quarte horizontale puisse encore être parée et. qu'en même temps. on contracte le poignet en raidissant les muscles du bras, la lame se courbera comme si nous en avions pris la pointe avec la main. et que nous l'ayons fait plier de force. Si aussitôt nous relâchons brusquement les muscles, la pointe de la lame, en vertu de l'élasticité de cette dernière. ne reprendra pas seulement sa position primitive, mais elle rebondira en sens contraire. presque jusqu'à l'endroit d'où nous l'avons fait partir. Son redressement violent nous renverra toute sa force jointe à celle contenue dans le coup qu'elle aura reçu. et nous permettra de l'utiliser dans une riposte en quarte haute. Un tireur exercé, qui se sert. pour riposter en quarte haute. du procédé que nous venons de décrire et dont le poignet sait faire vibrer et fouetter la lame, peut faire gagner au tranchant une avance de la valeur d'une palme.

50. Parade de la première riposte; D, D'.

Pour parer la riposte que nous venons de décrire : revenir de l'attaque initiale à l'instant où le tranchant de la lame de l'adversaire choque en parade, plier légèrement le coude en sortant bien le bras de l'épaule, décrire vers le côté gauche du corps un demi-cercle, aussi serré que possible, au-dessus de la monture de la rapière de l'adversaire et de son épaule, prendre la position de parade de quarte et choquer en parade de riposte, aussi sec qu'on pourra, en employant le fort et le tranchant de la lame. Il est nécessaire que, dans cette parade, le poignet soit contracté et les muscles du bras raidis d'une manière presque convulsive (kramphaft), tandis que dans la conduite des coups et la rotation du poing pour revenir en parade de quarte, ainsi que pour le passage dont il va être parlé tout à l'heure, le poignet doit être beaucoup plus relâché.

51. Deuxièmes ripostes : en quarte haute, quarte basse et quarte horizontale, sous la lame; passages ; D, D'.

Lorsque le choc pour parer quarte est extrêmement fort et qu'il surprend l'adversaire, il peut arriver que la lame de celui-ci, au moment où, par le chemin le plus court, il va chercher à la ramener par-dessus la monture de la nôtre, soit renvoyée légèrement du côté d'où est parti le coup initial. Alors si, en liaison avec le choc et en saisissant le temps (pendant le temps), on envoie une riposte en quarte haute, elle ira toucher l'adversaire sous sa lame qui vient d'être repoussée.

Dans le cas où nous nous proposerions de parer une riposte possible de l'adversaire, nous serions obligés de revenir vers le côté gauche de notre corps, au moyen de la rotation du poignet décrite pour la parade de quarte sur la lame, ce qui met le dos de la lame en dessous. Mais si l'adversaire a déjà été touché par notre quarte haute, le dos de notre lame lui fera, en revenant, une seconde blessure. Une quarte haute plantée (geplant) de cette façon et qui a porté juste se nomme quarte haute sous la lame, ou coup de passage haut (durchgezogen Hieb).

Comme la riposte en quarte horizontale n'est employée le plus souvent que pour arriver au passage, beaucoup de personnes l'ont qualifiée de ce nom; mais c'est une usurpation, car on exécute tout aussi bien le passage avec les ripostes en quarte haute et quarte basse qu'avec la quarte horizontale, ce qui donne des passages hauts, horizontaux, bas.

De même une quarte basse peut, comme une haute, être donnée sur la lame, si l'adversaire ne se porte pas, en même temps, d'une manière assez ferme à la parade.

D'après ce qui précède, on voit qu'on ne peut qualifier de coups de passage les trois coups de quarte, tels qu'ils viennent d'être expliqués, que s'ils ont été réussis. En effet, ces passages ne résultent pas de notre volonté, car il n'y a qu'un retrait de rapière fautif de notre adversaire qui puisse les rendre possibles. Ces coups ne sont pas plus infaillibles que d'autres. Mon père, dit Roux, écrivait dans un de ses livres : « On ne peut s'em-
« pêcher de rire lorsque quelqu'un se vante d'une botte impa-
« rable, de la fameuse botte secrète ! En escrime, chaque mou-
« vement a son contre-mouvement. » Ces trois passages, si nous ne voulons pas qu'ils soient interrompus par quelque coup de temps, doivent être « plantés » par l'engagement sous la lame, en se couvrant tout d'abord comme il a été dit, pour être

aussitôt suivis d'un très prompt mouvement de retour, et ils ne doivent pas être donnés simplement, comme on le voit quelquefois, par une simple opération de dos de lame, aussitôt après la parade.

On peut exercer fructueusement un élève aux mouvements du passage en lui faisant battre quarte basse sur la parade de lame haute, où le faible d'une lame est opposé au fort de l'autre, de telle façon qu'il soit obligé de tourner le dos de la sienne pour vaincre la résistance qu'il rencontre. Mais, en général, on ne les apprend que par l'assaut avec un tireur de force différente. Quand un plus fort les a accomplis sur vous et qu'on a bien vu comment il s'y est pris, on les essaie sur un plus faible avec chance de les réussir.

52. Parades des deuxièmes ripostes; D, D'.

Le mouvement le plus naturel à opposer aux coups sous la lame est le retour à la parade antérieurement décrite de garde en seconde, en ayant bien soin, particulièrement dans la parade de la quarte basse et de la quarte horizontale, de retirer la pointe de la lame, comme cela a été expliqué plus haut. Mais après que l'adversaire a paré un coup, si nous revenons en garde par le chemin suivi pour le lui porter, le retour est plus long et prend plus de temps que la riposte de notre adversaire : la conséquence est que cette riposte peut nous toucher sous la lame. Il importe donc d'abréger le chemin et de gagner de vitesse. Un tireur exercé se défend des coups sous la lame par des coups à contre-temps.

Il a déjà été établi que pour l'étude de l'escrime il fallait, avant tout, un degré déterminé de souplesse et de force, naturel ou acquis. Le développement de la souplesse de l'élève est l'affaire du maître, qui a pour cela mille moyens à sa disposition. Quant à la force, il faut attendre patiemment qu'elle s'accroisse, et une persévérance soutenue permettra seule de l'acquérir. Dans tous les cas, en escrime, la souplesse restera la qualité maîtresse, non seulement parce qu'il en faut plus que de force, mais parce que, sans elle, la force est insuffisante. Un homme pourvu d'un bras solide possédera sans doute un précieux avantage; mais, sans souplesse, il ne pourra pas en profiter convenablement.

Supposons, par exemple, qu'on veuille revenir à la parade, garde en seconde, en passant en dessus et en ayant recours à ce tour de main par lequel, l'élan du coup étant récupéré pour le recul, on n'a pas une grande dépense de force à faire; évidemment il y aura avantage pour le tireur le moins vigoureux, seulement il lui aura fallu être assoupli d'abord par l'usage des feintes, cercles, départs, ripostes et par celui des doubles coups tels qu'on les décrira bientôt. Les gens aux gros membres et aux articulations raides ne peuvent pas appliquer leurs coups avec l'élasticité nécessaire et, pour tourner leurs poignets comme il faut, ils sont astreints à un supplément d'efforts. Ils ont donc beau frapper leurs coups avec force, ils sont battus par un tireur plus léger qui les atteint aisément sous la lame.

Selon Fehn, le passage est un mouvement très avantageux (rentabelst). Le maître, dit-il, l'apprend à l'élève avec la quarte basse (*fig.* 118), en lui faisant prendre sa mesure plus longue et envoyer, au deuxième temps, le coup au visage de l'adversaire. Il est absolument nécessaire de viser le côté droit du front, de manière à s'accoutumer à bien lever la main et à la porter franchement à gauche, pour masquer les découverts en quarte avec le panier et le bras; le passage en sera d'ailleurs facilité. Lorsque l'élève saura bien saisir le temps, et c'est le principal, on lui apprendra le virement sur le visage de l'adversaire, qui constitue le troisième temps. Dans le mouvement de rotation de la lame, le bras, la saignée étant fléchie, et la main seront retirés un moment (*fig.* 119) en arrière, autant qu'il le faut pour que les côtés quarte restent couverts par le panier et la lame. Le bras couvre contre : tierce, prime, quarte en croc.

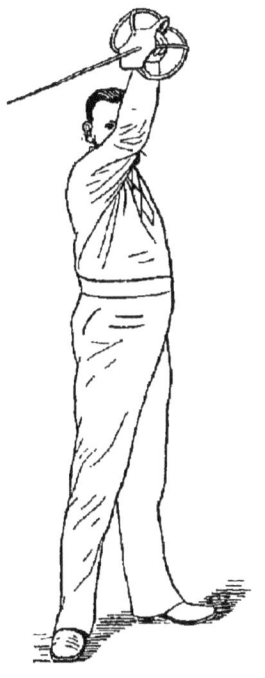 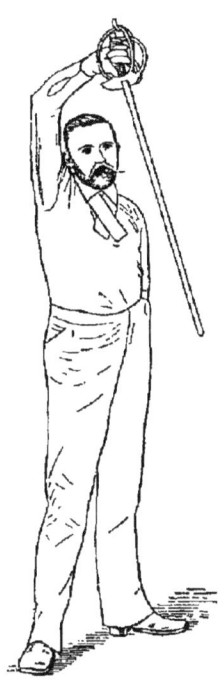

118. Quarte basse.   119. Pour le passage.

« J'ai la ferme conviction, dit Fehn, que par ma méthode l'élève apprendra à exécuter un joli et solide passage ».

L'explication du passage par Schulze, qui d'ailleurs le tient pour risqué sur la quarte basse et sur la quarte horizontale, est aussi différente de celle de Fehn qu'elle l'est de celle de Roux. Il est évident que si on voyait exécuter ce coup très compliqué de nuances. on arriverait aisément à en saisir le mécanisme. tandis que les descriptions n'en donneront jamais. je le répète, qu'une idée passablement confuse.

53. Troisième riposte : en tierce haute; D, D'.

Par la riposte en tierce haute. on se propose de toucher l'adversaire, avant qu'au retour de son attaque en quarte il n'ait eu le temps de revenir à sa parade ordinaire, c'est-à-dire avant qu'il ait pu opposer à notre tierce sa lame ou son crispin. Pour donner à la riposte en tierce le plus d'efficacité possible, on frappe, comme dans la quarte haute, de manière à ramener le rebondissement de la parade dans le coup à appliquer; grâce à l'élan qu'on y puise et au fouettement. on porte aisément en avant le tranchant de la lame. qui rejaillit en détente sur la parade de l'adversaire.

Ce procédé est employé aussi après le coup initial en quarte basse ou en quarte horizontale de l'adversaire. Comme celui-ci doit, pour revenir à la parade, parcourir un chemin plus long qu'après la quarte haute. on a aussi plus de chance de le toucher.

54. Parades de la troisième riposte; D, D'.

Si l'adversaire, sur une des trois attaques en quarte mentionnées ci-dessus. nous envoie une riposte en tierce haute. nous la parerons avec la lame, comme il a été dit aux parades simples. Pour cela, aussitôt le coup porté, décrire vigoureusement avec le dos de la lame, par le chemin le plus court, autour de la monture de l'adversaire, un quart de cercle vers notre gauche, et opposer fortement à ladite tierce le fort de la lame.

en haut et à droite, de façon que la pointe soit presque aussi haut que notre poing.

La tierce haute peut aussi être arrêtée, lorsqu'on est pourvu d'un équipement défensif, au moyen de gant de duel. Pour ce faire, on revient par le chemin le plus court, le bras bien levé, à la parade de quarte ou garde en seconde. Attendu qu'on n'a pas besoin, comme pour la quarte haute, de donner un choc vers la gauche avec le fort de la lame, le poignet est dérobé, et la tierce atteint la partie du gant à crispin qui couvre le coude. Le bras, dans cette partie, est moins vulnérable que dans le voisinage du poignet qui, afin de conserver sa liberté, ne peut être ni trop couvert, ni trop serré. Si, au lieu de tierce, l'adversaire avait battu prime, on serait revenu à la parade par la même voie, mais on aurait paré avec la lame.

55. Les ripostes admises par la coutume, après une attaque en quarte haute de gaucher, G, contre droitier, D.

L'ordre suivi est le même que précédemment. Les ripostes ont lieu sur la lame ou sous la lame.

56. Première riposte : en tierce haute sur la lame ; G, D.

Dans le combat de gaucher contre droitier, on ripostera à la quarte haute par tierce haute, tierce basse et seconde, quarte haute ou prime. Ce que le droitier obtient par sa parade et sa riposte, sur la lame, en quarte haute, le gaucher l'obtiendra en tierce haute. Mais ce coup en tierce est plus faible que celui en quarte, et l'on n'arrive à l'exécuter qu'après s'être exercé tout particulièrement aux cercles en tierce.

Un excellent moyen de décontracter le poignet, affirme Roux, est de figurer, à soi seul et en l'air, tous les coups et parades ; il suffit d'un gant ordinaire pour empêcher la main d'être écorchée par la monture. On imagine en face de soi une tête avec ses divisions, et on donne les coups sans discontinuer. Cette méthode paraît préférable à l'emploi du mannequin (eiserner Mann).

57. Deuxièmes ripostes : en tierce haute et en tierce horizontale sous la lame ; G, D.

Nous savons que le gaucher peut arrêter la quarte haute aussi bien avec le crispin qu'avec la lame. Quand nous parons avec celle-ci, en choquant vigoureusement une tierce haute un peu courte et surtout une tierce horizontale, pour peu que la lame de l'adversaire recule un instant, ou qu'il tarde à revenir à la parade, nous aurons le moyen de lui envoyer un coup sous la lame, coup correspondant à la riposte du droitier en quarte haute sous la lame.

58. Parades des premières et deuxièmes ripostes ; G, D.

On ne se laisse pas repousser par le choc de la parade de l'adversaire, mais après le coup initial en quarte haute, au cas où celui-ci a été paré avec le crispin, on retourne à la parade, garde en seconde, par le plus court chemin, en passant sur le poing de l'adversaire, et on choque fortement le fort de sa propre lame contre sa tierce. S'il a paré notre attaque avec sa lame, le chemin pour retourner à la parade est encore plus court, car nous n'avons plus besoin que de contourner avec notre lame le tranchant de celle de l'adversaire, et de la faire glisser en bas ; comme une parade de lame repousse toujours un peu, on utilise l'impulsion subie pour revenir à la garde en seconde.

59. Troisièmes ripostes : en tierce basse ou en seconde; G, D.

En ripostant tierce basse ou seconde sur quarte haute, le gaucher essaye également de toucher son adversaire sous la lame, avant que celle-ci ne soit de retour à la parade, garde en seconde. Pour cela, on procède en parant, comme dans la tierce sous la lame, en choquant fortement et en ripostant aussi serré que possible. La tierce basse peut aussi, comme la tierce haute, être battue sur la lame, et elle est préférable, comme riposte, à la seconde. En général, elle atteint plus sûrement l'adversaire, et n'exige, dans le poignet, ni tant de force, ni tant de souplesse que la seconde qui est, on le sait, de sa nature un coup faible.

60. Parades des troisièmes ripostes ; G, D.

On s'y prend comme contre une riposte en tierce sous la lame : ne pas se laisser repousser par le choc de la parade de l'adversaire, passer le dos de la lame contre le tranchant de la sienne, en tournant autour de son poing, s'il a paré avec le crispin, et revenir à la parade, garde en seconde.

61. Quatrièmes ripostes : en prime et quarte haute; G, D.

Les ripostes en prime ou quarte haute du gaucher, sur une attaque en quarte haute, ont pour objet de toucher l'adversaire après la parade avec la lame ou le crispin, s'il négligeait de les ramener assez à temps et assez haut pour se couvrir de nouveau.

62. Parades des quatrièmes ripostes; G, D.

On pare la prime et la quarte haute avec la lame. Si l'on veut parer quarte avec le crispin. il faut porter le bras très haut pour résister à ce coup. qui est très violent.

63. Les ripostes admises par la coutume, après une attaque en quarte horizontale
de droitier, D, contre droitier, D', ou de gaucher, G, contre droitier, D.

Après avoir minutieusement développé. aussi bien pour le gaucher que pour le droitier, toutes les ripostes et parades de ripostes qui suivent le coup de quarte haute. le plus important de l'escrime, Roux. dans tout ce qui suit. groupe, en un même paragraphe pour chaque riposte, ce qui concerne le droitier et le gaucher et la parade de la riposte, au lieu d'en faire des paragraphes séparés comme plus haut.

Après une attaque en quarte horizontale, on se sert des mêmes ripostes que contre une quarte haute. Mais la quarte horizontale n'est guère employée par le gaucher comme coup initial, parce que les découverts du droitier qui se trouve en face de lui sont fermés par son crispin. De même les défenses contre les ripostes qui suivent une attaque en quarte horizontale. se dessinent comme celles qui suivent la quarte haute.

64. Les ripostes admises par la coutume, après une attaque en tierce haute; D, D' et G, D.

Sur une tierce haute. on ripostera au mieux par une quarte, haute, horizontale ou basse. On ne réussirait une riposte en tierce haute ou en prime. que si la tierce haute avait été portée à découvert. Le gaucher ripostera tierce haute, tierce basse, quarte haute et aussi seconde. Les parades de ces ripostes n'ont pas besoin d'explications spéciales après celles qui ont été données plus haut.

65. Les ripostes admises par la coutume, après une attaque en prime; D, D' et G, D.

Sur l'attaque en prime, on ripostera quarte haute, tierce haute, quarte horizontale et basse. Le gaucher ripostera tierce haute, tierce basse, quarte haute et aussi seconde. Les parades des ripostes se déduisent de ce qui précède.

66. Les ripostes de toutes sortes, sans tenir compte de la coutume.

Après seconde ou tierce basse, on riposte prime, quarte haute et même seconde et tierce basse. Le gaucher contre droitier, tierce haute, quarte haute, seconde et tierce basse, et aussi, en l'absence de conventions, quarte basse.

On a déjà vu comment se paraient ces ripostes.

Dans le combat de gaucher contre droitier, les "Comment" n'admettent la quarte basse, ni comme coup initial, ni comme riposte, attendu qu'elle présente les mêmes dangers que la tierce basse du droitier.

Mais la quarte basse est excellente pour assouplir le poignet, et un élève gaucher s'y exercera avec fruit, quand son maître prendra lui-même la rapière de la main gauche et quand il se placera en face de lui.

Dans les attaques en quarte basse de gaucher contre droitier, qui seront parées par la garde en seconde, comme la tierce basse de droitier contre droitier, on ne peut pas, pour revenir à la parade de la riposte, dégager en dessus en passant sur la monture de l'adversaire. Pour bien parer, il n'y a pas d'autre moyen que de retourner à la garde pointe abattue, en faisant passer le dos de la lame sous la monture de l'adversaire, pour la ramener en dedans à gauche, le gaucher à droite.

120. Quarte basse du gaucher.   121. Quarte haute à contre-temps.

Ce qu'il y a de mieux contre un gaucher qui a donné quarte basse, c'est de battre, à contre-temps, quarte haute ou quarte basse, le poignet bas (*fig.* 121).

En général, toutes les ripostes qui reproduisent des coups connus sont parées comme ceux-ci. Roux exerce ses élèves sans tenir compte des prescriptions de la coutume, et il arrive par là à leur affiner le coup d'œil, et à leur délier considérablement le poignet.

Fehn parle peu des ripostes. Toutefois, il donne une riposte ou contre-attaque en tierce, après quarte basse, ainsi que sa parade qui est la même que celle de tierce. Encore cette riposte

 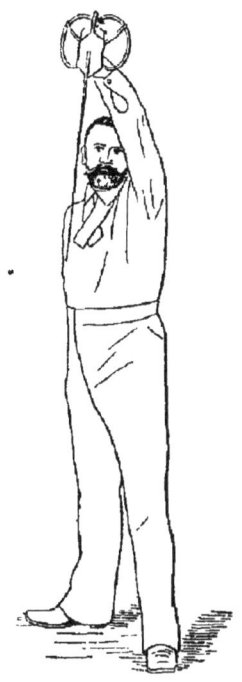

122. Contre-attaque en tierce sur quarte   123. Coup bas de gaucher.

de droitier contre droitier n'est-elle que l'application d'un coup de temps sur quarte basse (*fig.* 122). Porter la main assez bas et à gauche, pour que les deux yeux puissent voir par-dessus le bras, derrière la main. Cela se fait aussi très bien, ajoute Fehn, sur un des trois coups bas du gaucher dont la position est reproduite ici, figure 123.

LES DEMI ET LES DOUBLES COUPS

67. Les demi-coups ou coups d'amorce.

On nomme phrase d'escrime (Gang) une série de coups liés à la parade, d'après un plan. ou suivant un ordre déterminé. Pour tirer régulièrement avec un adversaire dont on ne connaît pas l'habileté, il est bon de ne l'aborder que par des demi-coups (halbe Hiebe, Lockhiebe).

On nomme demi-coups ceux que l'on envoie plutôt pour ouvrir le combat et tâter l'adversaire, que pour le toucher. Le demi-coup nous laisse assez de force pour revenir à la parade et nous prémunir contre des coups de temps.

Un demi-coup, si la fente est admise dans le combat, ne comportera pas une avance de plus d'un demi-pied. Si la fente n'est pas admise, on inclinera moins le haut du corps en avant qu'on ne le ferait pour un coup entier. En ayant la prudence de ne pas s'avancer davantage, le plus faible des deux tireurs peut encore se garer des coups de temps du plus fort, et trouver moyen de faire les variations de poing nécessaires.

Admettons qu'au lieu de cela l'un des adversaires ait attaqué à fond, et que l'autre, après avoir vigoureusement paré, ait riposté très vite (du tact au tact); le premier, pour avoir mal calculé la répartition de son effort. ne sera plus en état d'arriver à la contre-riposte.

On partira donc de l'hypothèse que. fatigué par une suite de fausses attaques qu'on l'aura obligé à parer, l'adversaire finira par se laisser prendre à l'improviste, si l'on y met suffisamment d'adresse. Il est donc de règle de ne s'engager d'abord que par demi-coups et de ne tirer à toucher que plus tard.

On pare les demi-coups comme les coups entiers ; on peut cependant aussi leur opposer des contre-temps.

68. Le troisième coup dans la phrase.

La plus courte phrase comporte trois coups successifs : par exemple : on attaque avec un demi-coup en quarte haute, l'adversaire réplique par un coup en quarte haute, nous parons et nous ripostons par une deuxième quarte haute et, cette fois, en touchant. Cette deuxième quarte haute se nomme la double riposte ou le redoublement (der doppelte Nachhieb), ou mieux : le troisième coup dans la phrase.

N'oublions pas que : le premier coup porté se nomme premier coup, initial ; le coup suivant, donné par l'adversaire, deuxième coup, et ainsi de suite, jusqu'à la fin. Voici quelques exemples de la manière dont on exercera l'élève à des phrases de trois coups.

Premier exemple.

Le premier coup sera porté, sans se fendre, par l'élève, droitier, D. ou gaucher, G. qui portera aussi le troisième, en se fendant. Le maître, droitier, M D, portera le second, également en se fendant.

Droitier contre droitier.

D, Premiers coups, initiaux.	M D, Deuxièmes coups, ripostes.	D, Troisièmes coups, redoublements.
1. Quarte haute ;	Quarte haute ;	Quarte haute.
2. Quarte haute ;	Quarte haute ;	Tierce haute.
3. Tierce haute ;	Quarte horiz. ;	Quarte haute.
4. Seconde ;	Prime ;	Seconde.

LES DEMI ET LES DOUBLES COUPS.

	D, Premiers coups.	M D, Deuxième coups.	D, Troisièmes coups.
5.	Prime ;	Seconde ;	Quarte haute.
6.	Prime ;	Seconde ;	Tierce haute.
7.	Quarte haute :	Tierce haute :	Quarte haute.
8.	Quarte haute ;	Quarte haute :	Tierce haute.
9.	Seconde :	Prime :	Quarte horiz.
10.	Prime :	Quarte ;	Tierce basse.
11.	Tierce haute ;	Tierce haute ;	Tierce haute.
12.	Quarte haute :	Quarte haute :	Quarte horiz.
13.	Tierce basse ;	Tierce basse :	Tierce haute.
14.	Quarte haute :	Tierce haute :	Quarte basse.
15.	Quarte haute :	Quarte basse ;	Tierce haute.
16.	Quarte haute ;	Tierce haute :	Quarte horiz.
17.	Tierce basse ;	Quarte haute :	Prime.
18.	Quarte haute ;	Quarte haute :	Quarte basse.

Etc., en intervertissant les rôles.

Gaucher contre droitier.

	G, Premiers coups	M D, Deuxièmes coups.	G, Troisièmes coups
1.	Tierce haute ;	Tierce haute :	Tierce haute.
2.	Tierce haute ;	Tierce basse ·	Quarte haute.
3.	Tierce haute :	Tierce basse .	Tierce haute.
4.	Tierce basse :	Tierce haute :	Tierce basse.
5.	Quarte haute :	Tierce haute :	Prime.
6.	Tierce haute ;	Quarte haute :	Tierce basse.
7.	Quarte haute ;	Tierce basse :	Tierce haute.
8.	Tierce haute ;	Prime ;	Seconde.
9.	Prime ;	Quarte haute ;	Quarte haute.
10.	Prime :	Quarte haute ;	Tierce haute.
11.	Quarte haute ;	Tierce haute ;	Quarte basse.

Etc., en intervertissant les rôles.

Deuxième exemple.

On substituera au coup ou demi-coup initial et aux coups suivants, alternativement, des feintes simples ou doubles.

Troisième exemple.

Le maître fera exécuter des phrases de trois coups dans lesquelles il appliquera le deuxième ou le troisième, sans l'avoir annoncé d'avance, et en ayant soin de faire observer les principes exposés §§ 47 et suivants.

69. Les doubles coups ou doublés.

Pour se perfectionner dans l'art des parades, achever de briser et de fortifier son poignet, l'élève abordera l'étude des doubles coups ou doublés (Doppelhiebe). Il faut, d'ailleurs, les posséder avant d'en arriver aux coups à contre-temps. Les doubles coups sont aussi très utiles contre les coups de temps.

Schulze considère le doublé comme un coup d'école, et il le déclare difficile et même impraticable dans l'assaut et le combat.

Le premier coup se porte avec une simple flexion du corps et le deuxième en se fendant. Pour bien mettre le doublé dans dans la main de l'élève, de temps à autre le maître prendra un contre-temps, sur le premier ou le second mouvement. Tous les doublés doivent être exécutés le bras aussi allongé que possible, mais rien que du poignet, d'un bon élan, et avec une forte inclinaison du corps en avant. En général, le second mouvement du doublé doit être d'un dessin beaucoup plus serré que le premier, parce que, après le second mouvement, nous n'avons plus le temps de revenir en garde, et que cependant il faut rester couvert. Expliquons cela par des exemples.

70. Doublé : Quarte haute, quarte haute.

Pour le développement de la deuxième quarte, le poing restera dans la position qu'il occupait; la lame reprendra le même angle que lorsqu'elle a détaché le premier coup; ramener assez, par l'articulation du poignet, vers notre oreille droite, au-dessus de laquelle elle devra faire un angle de 45°, le dos de la lame, de façon qu'en rabattant ensuite celle-ci sur la tête de l'adversaire, la pointe ne se soit pas reportée à notre gauche dans la position de garde.

En exécutant le mouvement, comme il vient d'être expliqué, on se couvrira contre les coups de temps qui pourraient arriver en tierce haute, prime, quarte haute.

71. Doublé : Tierce haute, tierce haute.

Pour ce doublé, on prendra une disposition analogue. Après le premier coup, le dos de la lame sera retiré d'une palme et demie vers l'oreille gauche, de façon à rester sous l'angle de 45° au-dessus de notre tête.

De cette façon, en appliquant la deuxième tierce, on sera couvert contre une tierce haute et une prime dans le temps.

Pour parer le doublé, on s'y prend comme pour parer le coup simple, mais au lieu de se remettre en garde au second mouvement, on reste en place et on contrechoque ainsi la lame de l'adversaire.

Voici quelques exercices que le maître pourra faire faire à l'élève, qu'il accoutumera aussi à employer le contre-temps comme parade; ils conviennent au gaucher et au droitier indifféremment.

	Premiers coups.	Doublés.
1.	Quarte haute.	quarte horizontale.
2.	Quarte horizontale.	quarte haute.
3.	Seconde.	seconde.
4.	Prime.	prime.
5.	Quarte haute.	quarte basse.
6.	Tierce basse.	tierce haute.
7.	Seconde.	prime.
8.	Prime.	quarte haute.
9.	Tierce basse.	tierce basse.
10.	Quarte haute.	tierce basse.
11.	Tierce basse.	quarte haute.
12.	Quarte basse.	quarte haute.

Etc., en intervertissant les rôles.

LES COUPS DE TEMPS

72. Définitions et divisions.

On nomme coups de temps ceux qui sont portés soit pour devancer l'adversaire dans son attaque, soit pour la contre-carrer.

On distingue trois sortes de coups de temps : les coups pendant le temps ou simultanés (mit dem Tempo, à Tempo Hiebe), les coups dans le temps, entrant dans le temps (in das Tempo), et les coups contre le temps, à contre-temps ou contractés (Kontratempohiebe, Vorhiebe).

Les coups pendant le temps, ainsi que ceux à contre-temps, diffèrent de ceux dans le temps, en ce que les premiers sont portés en même temps que l'adversaire attaque, tandis que les derniers le sont tout à l'origine de son mouvement. Dans ce cas, on a prévu ses intentions, et il est empêché de frapper le coup qu'il méditait. Tous ces coups trouvent leur application aussi bien vis-à-vis de l'attaque que de la riposte.

Les trois modes d'opérer auxquels ils donnent lieu constituent d'importants moyens de se défendre contre un adversaire qui porte ses coups de trop loin, sans se couvrir, et de toute la force de son bras. Celui-là seul, qui sait se servir des coups de temps dans l'assaut, peut devenir un tireur habile, croiser avec confiance le fer avec un tireur physiquement plus robuste, dont il saura détourner les coups pesants. Avec leur aide, il aura vite raison, en ne bougeant presque pas le poing, de ces tireurs que l'on rencontre chaque jour, menant des attaques désordonnées avec une main qui n'est pas en place.

S'astreindre à parer, en se servant des procédés ordinaires, les coups portés par ces escrimeurs massifs, coups mal préparés, cognés à tort et à travers, de dos ou de plat, serait agir en pareur naïf (l'arirjunge), dont le brutal adversaire, surtout s'il est prompt à la riposte, se jouerait bientôt. En effet, à force de parer, on serait bientôt gagné par la fatigue et, même si l'on n'était pas amené à ouvrir des découverts, on finirait par être touché sur la parade par quelque coup d'assommoir. Il faut donc, vis-à-vis des grossiers ferrailleurs, appliquer le procédé des coups pendant le temps.

Il y a aussi des personnes qui savent très bien l'escrime, mais qui, par fanfaronnade et à leurs risques et périls, portent des coups à découvert; celles-là méritent également qu'on les arrête.

73. Les coups pendant le temps.

Après avoir stigmatisé les habitudes qui ont influé défavorablement sur la réputation de l'escrime allemande, Roux va expliquer en quoi elles consistent, afin de mieux faire comprendre les procédés qu'on leur oppose. Ces habitudes mauvaises sont :

1° De porter, dans une quarte haute, le poing à droite au lieu de l'avoir à gauche, ce qui découvre le côté gauche du visage. Ceux qui le font appellent cela très proprement : la quarte libre. Par un simple changement de direction du poing et de la lame à gauche, on leur mettra sur la tête une quarte haute pendant le temps, non dans le vide que laissent les tireurs qui se couvrent mal, mais dans le découvert produit par la position du poing trop à droite.

Une autre occasion encore meilleure d'envoyer un coup pendant le temps est celle-ci : l'adversaire détache sa quarte libre comme riposte, après une parade de quarte ; comme dans ce cas, c'est-à-dire après l'attaque en quarte, on est déjà, avec la lame, très près de l'adversaire, tandis que celui-ci est forcé, pour prendre l'élan nécessaire à sa quarte découverte, de s'éloigner de la parade, il est possible, même à un tireur faible en face d'un fort, de donner rapidement en avant une quarte haute, en passage (Voir § 51), pendant le temps de la riposte découverte en quarte haute, et de parer encore celle-ci par la garde en seconde.

Dans gaucher contre droitier, sur une quarte haute découverte, on donnera une tierce haute pendant le temps.

2° Un coup découvert très à la mode est une quarte basse que le tireur s'efforce de donner dans une direction encore plus basse que celle que prescrit l'école. Comme, dans ce cas, le fort de la lame n'est plus au-dessus de la tête suivant un angle de 45° avec la verticale, celui qui s'y expose pourra être touché, pendant le temps, par une tierce haute envoyée à propos, ou bien par une prime ou même par une quarte haute. Il faudra alors avoir soin de baisser un peu la main à gauche, comme dans la tierce en croix (Winkelterz).

Dans gaucher contre droitier, on prendra, pendant le temps d'une quarte basse découverte, une tierce haute ou une prime.

Mais il est bien entendu que pour réussir ces coups, il faut savoir reconnaître, à la façon dont l'adversaire conduit son

124. Tierce en croix de gaucher à contre-temps. 125. Seconde.

poing, ce qu'il médite. On n'y arrive qu'en se faisant un « œil d'escrimeur ». C'est un don que les efforts de main ne remplacent pas, et essayer de prendre un temps à chaque coup bas serait se jeter dans le désordre.

3° Sur une tierce haute donnée avec le poing trop à gauche ou trop bas, on envoie, pendant le temps, une tierce haute normale, le gaucher, une quarte.

4° Sur une seconde ou une tierce basse données trop bas, ou avec le poing pas assez à gauche, on prend, pendant le temps, en baissant un peu le poing, une prime, une tierce haute, une quarte haute. Pour ce dernier coup, il faut tenir la main bien basse et un peu à droite. Le gaucher (*fig.* 124, du Manuel), pendant le temps d'une seconde ou d'une tierce basse découverte, prendra une tierce en croix (Winkelterz).

On dit aussi, quand chacun des tireurs a commencé le développement du coup en même temps que l'autre, qu'ils sont partis pendant le temps.

74. Les coups dans le temps.

Tous les coups par lesquels nous forçons l'adversaire à modifier les siens sont des coups dans le temps (Voir § 72); mais les coups dans le temps servent surtout à conjurer le danger des feintes de l'adversaire. Toutefois, les coups de seconde et de tierce basse étant généralement exclus du duel par la coutume, nous l'avons déjà vu, ils sont d'un usage rare, et le combattant pouvant en outre mettre son équipement défensif à profit, l'usage des feintes s'en trouve limité.

Voici cependant un exemple qui montrera comment, dans la vie pratique, l'escrime pointe abattue peut servir à chacun pour se défendre, quoique, à mon sentiment, on ait recours, avec beaucoup plus d'avantages, à l'escrime pointe haute ou escrime au sabre.

Supposons que notre adversaire fasse une feinte simple ou double, en quarte haute, et que, sur le premier mouvement de sa feinte, nous battions une tierce basse ou une seconde dans le temps; l'adversaire sera forcé, ou de conformer dans le temps son poing au mouvement de ce coup, ou de le faire varier pour aller à la parade de seconde ou tierce basse. Ce n'est qu'après ces variations qu'il pourra porter un nouveau coup; mais comme par ses feintes il avait l'intention de nous faire ouvrir des découverts, ses plans auront été traversés et ses feintes seront restées sans effet (Voir §§ 30 à 34).

75. Les coups à contre-temps.

On appelle coups à contre-temps des coups très fermes, appliqués aussi bien au moment où notre adversaire donne un coup faible, qu'à celui où il donne un coup de toute sa vigueur. Ce ne sont pas seulement des coups de force permettant de passer, en les renversant pour ainsi dire, sur des coups, même bien couverts et bien portés, ils constituent encore le meilleur mouvement à opposer à un adversaire qui attaque sans se couvrir. L'occasion de battre à contre-temps peut se présenter à nous de deux façons :

1° Si l'adversaire nous attaque à découvert, par exemple avec la quarte libre, décrite § 73, s'il met le poing extrêmement haut et à droite, et si, avec cela, il applique son coup à plat ou seulement demi à plat, il ne serait pas suffisant, comme cela a déjà été expliqué, de parer par la méthode ordinaire. Il faudrait contre-choquer excessivement violemment, et encore si la lame adverse était tant soit peu sur son plat, elle pourrait bien fouetter par-dessus notre parade. Le contre-temps nous permet de nous défendre d'autre façon.

A ce sujet, Roux cite ce que son père F.-A.-W.-L. Roux dit dans son livre sur le duel : « Un coup à contre-temps est, à « proprement parler, une parade pointe haute liée à un coup, « de façon que tous deux ne fassent qu'un ». Or, cette parade est évidemment plus forte qu'une parade pointe abattue. La

pointe étant dirigée vers le haut, l'élan du coup adverse se brisera d'autant plus vite qu'il aura rencontré le fort de notre lame plus près de la monture. Il vaut donc mieux opposer un contre-temps que faire la parade ordinaire de quarte. « Si l'ad-
« versaire donne une quarte découverte, grâce à laquelle il

126. Quarte haute à contre-temps.   127. Quarte haute.

« espère fouetter par-dessus notre parade, il livre toute la
« gauche de son visage; alors on dessine une quarte haute cou-
« verte un peu plus ramassée, c'est-à-dire en poussant davan-
« tage à notre gauche. On fait ainsi un plus grand angle à
« gauche, angle par le moyen duquel on est entièrement couvert
« contre le coup du demi-faible de la lame de l'adversaire: en

« même temps. au milieu du coup, on bat avec le demi-fort
« de sa propre lame, le centre du demi-fort de la sienne, et
« on la touche sur le plat suivant un angle plus ouvert que
« dans la quarte haute ordinaire. En ce qui concerne l'ouver-
« ture qu'il conviendra de donner à l'angle en question, elle

128. Tierce haute à contre-temps   129. Tierce haute.

« dépendra du plus ou moins d'étendue du découvert de l'ad-
« versaire et de la façon dont il tournera le plat de sa lame.
« Remarquons que, plus il ouvrira de grands vides, plus il
« fouettera, surtout s'il donne du plat sur notre angle couvert,
« et plus il faudra ouvrir celui-ci dans notre contre-temps. Mais
« comme plus nous ouvrirons l'angle fait par notre lame. plus

« nous aurons de difficulté à atteindre l'adversaire, la consé-
« quence en sera la nécessité de forcer d'autant plus l'incli-
« naison de notre corps en avant, et de nous appuyer forte-
« ment sur le genou antérieur. Il arrive qu'en voulant frapper
« à contre-temps sous de très grands angles, les montures

130. Attaque de quarte sur quarte.

« viennent à se toucher un instant, parce que sans cela on ne
« pourrait atteindre l'objectif. »

Fehn explique aussi le contre-temps sur une quarte découverte, et il en donne la figure 130, qui s'applique également au
coup porté au début d'un duel, lorsque l'un des deux tireurs
a pris la garde en bravoure.

Dans les coups à contre-temps avec la rapière à cloche, on doit tenir la poignée particulièrement ferme et ne fouetter que du poignet.

Pour les coups dans le temps et contre le temps, on ne se fend pas, parce que la fente ralentit le tour de main et que

131. Seconde.   132 Quarte haute à contre-temps

dans les mouvements, d'ailleurs très violents qu'ils exigent, on pourrait perdre l'équilibre ; on laisse donc l'adversaire gagner au pied (anlaufen). La figure 126 montre un contre-temps sur une quarte haute couverte.

On peut de même battre un contre-temps sur un coup quelconque porté à découvert: par exemple : contre une tierce haute découverte. une tierce haute (*fig.* 128) dans une direction plus verticale et suivant un angle plus élevé et plus à droite ; contre une seconde ou une tierce basse découvertes, une quarte haute (*fig.* 132) ou une tierce haute (*fig.* 133) en baissant le poing à droite ; contre une quarte basse découverte, une quarte haute (*fig.* 136, du Manuel, semblable à la figure

133. Tierce haute à contre-temps.   134. Tierce basse.

68, § 32), ou une tierce haute (*fig.* 139) avec le poing porté plus bas à gauche (tierce en croix).

2° Les coups à contre-temps agissent également contre les coups, correctement dirigés, mais dans lesquels l'adversaire a gaspillé toute sa force ou perdu l'équilibre du corps, de sorte que leur impulsion ne résulte plus d'un mouvement de poignet bien calculé, mais d'une force brutale empruntée à tout le bras. Ce mode imparfait de développement des coups engendre ce que l'on pourrait appeler un point mort, où la force du coup, si grande qu'elle ait été à l'origine, s'affaiblit subitement et disparaît. Un coup régulièrement donné conserve au contraire cette force pendant toute la durée de son développement que le

135. Quarte basse.   136. Quarte haute à contre-temps.

fouettement prolonge encore. L'élasticité de la lame la fait alors rebondir, ce qui aide notre poing à se maintenir à la hauteur initiale. Mais le rebondissement ne se produit pas avec les coups trop appuyés, de sorte que, au moment où l'un de ces coups a porté de tout son poids, le procédé du contre-temps réussit d'autant mieux que le poing de l'adversaire et sa lame sont naturellement rejetés hors de leur position couvrante initiale.

Supposons maintenant que l'adversaire nous porte une de ces quartes hautes, couvertes, mais violentes et surmenées, nous battrons aussitôt une quarte haute à contre-temps. Il n'y aura pas alors besoin de porter le poing et la lame dans un si grand

137 Quarte haute à contre-temps.   138. Quarte haute.

angle à gauche que pour les contre-temps expliqués plus haut. Il suffira, pour annuler le coup de l'adversaire, d'opposer le plein-fort de notre lame au milieu ou à l'extrémité du demi-fort de la sienne. Néanmoins, nous dessinons encore dans notre contre-temps un plus grand angle que notre adversaire et, si nous dirigeons énergiquement le coup, à la fois sur l'extrémité du demi-fort de sa lame et sur sa tête, nous réussirons, en dépit de toute la vigueur qu'il aura pu déployer, à ramener sur lui un coup mal porté, et à le toucher « à travers sa couverture ».

Il n'y a que les coups hauts qui se prêtent tout à fait aux contre-temps, parce que ce sont les plus rudes et parce qu'ils présentent mieux le demi-fort de la lame. C'est là, en effet, que se produit l'action caractéristique du contre-temps. On peut

139. Tierce en croix a contre-temps. 140. Quarte basse.

certainement, sur un coup quelconque, battre ou contrebattre à contre-temps une quarte haute; mais, comme on doit suivre le demi-fort de la lame de l'adversaire, la position du poing variera avec la direction suivant laquelle on aura été attaqué. Il existe donc beaucoup de quartes hautes, comme cela ressort de la description suivante des contre-temps.

Outre le contre-temps en quarte haute (*fig.* 137 et 138, du

Manuel), sur quarte haute, qui est le meilleur, on peut encore prendre celui en tierce sur la lame, et suivant un angle un peu plus élevé. Seulement le poing ne pourra pas être placé comme quand il nous couvre contre une tierce haute, il devra suivre la quarte haute de l'adversaire et aller s'arrêter au même point

141. Tierce haute à contre-temps.   142. Tierce haute.

que pour le contre-temps en quarte haute. Ce coup s'appelle tierce en croix.

La figure 139, du Manuel, semblable à la figure 61. § 30, montre la tierce en croix à contre-temps contre quarte basse. De la même manière on pourrait, en portant le poing à gauche, opposer à une quarte haute une prime en contre-temps.

Dans gaucher contre droitier, sur la quarte haute, on donne

une tierce, mais dans une direction encore plus haute et en haussant davantage le poing.

Sur une tierce haute on donnera une tierce haute à contre-temps (*fig.* 141 et 142, du Manuel), suivant un angle plus élevé que dans la tierce haute ordinaire et en haussant davantage le

143. Quarte haute du gaucher à contre-temps.   144. Tierce haute.

poing. On peut aussi, sur la tierce haute. donner une quarte haute à contre-temps sous la lame. avec le poing très haut et très fermement tenu.

Le gaucher, contre tierce haute. donnerait quarte haute à contre-temps (*fig.* 143, du Manuel).

Sur seconde, on bat prime et quarte haute à contre-temps (Voir *fig.* 131 et 132 ci-dessus), la dernière avec le bras tendu et le poing tourné à droite, de telle façon que le regard puisse raser la monture en dessus.

Le gaucher, sur seconde (*fig.* 145), prendra tierce haute avec le poing un peu plus bas et appuyé à gauche, c'est-à-dire la tierce en croix à contre-temps.

La quarte ou la tierce à contre-temps contre seconde obligent

145. Tierce en croix du gaucher à contre-temps.   146. Seconde.

le droitier, comme le gaucher, à baisser la main assez pour voir aisément par-dessus le bras avec les deux yeux.

Sur la prime, le droitier et le gaucher peuvent également battre à contre-temps quarte haute ou tierce haute; mais cette dernière, seulement dans le cas où l'adversaire n'est pas supérieur en force.

Sur quarte basse on bat à contre-temps : 1° quarte haute, le poing un peu baissé (Voir *fig*. 135 et 136); 2° tierce haute, avec le poing baissé à gauche, comme contre la seconde du gaucher, c'est-à-dire tierce en croix (Voir *fig*. 145 et 146); 3° prime à contre-temps avec le poing un peu bas; 4° dans le cas où le gaucher serait autorisé à se servir du coup de quarte basse

147. Quarte basse du gaucher.   148. Quarte haute à contre-temps.

contre le droitier, on lui opposerait, à contre-temps, une tierce haute, une quarte haute (*fig*. 148), une prime, avec le poignet un peu baissé.

A la quarte horizontale on opposera quarte haute, prime et tierce haute (tierce en croix), données à contre-temps de la même façon que contre la quarte haute.

Le gaucher, sur une quarte horizontale, bat à contre-temps, comme sur une quarte haute (*fig.* 149 et 150, du Manuel), une tierce haute suivant un angle plus élevé, ou une prime.

149. Tierce haute du gaucher.   150. Quarte haute.

Pour se perfectionner dans l'exécution de ces coups, les exercices des §§ 76 et suivants sont excellents.

Je place ici les figures 151 et 152, avec l'explication qu'en donne Schulze, du traité duquel elles sont extraites.

Le tireur de droite bat contre une quarte horizontale de l'adversaire une quarte en croix à contre-temps. Celui-ci renonce à toucher et oppose le fort de sa lame à la quarte en croix qui se trouve parée. Lorsqu'un tireur plus petit se trouve en face d'un plus grand, et que le plus grand bat sur le coup bas du plus petit, et en même temps, un coup haut, il est toujours opportun de changer le coup bas en une parade contre le coup haut qui, différemment, repousserait la lame à cause de la puissance plus grande qu'il possède.

161. Quarte horizontale. 152. Quarte en croix.

76. Série d'exercices : Coups à contre-temps sur doubles coups.

Le premier coup sera paré par l'élève, et celui-ci, sur le deuxième, battra à contre-temps : ou bien le maître attaquera par un demi-coup, l'élève continuera par un double coup sur lequel le maître battra un coup à contre-temps, ou dans le temps, et réciproquement.

Ce sera la mise en pratique des couvertures et variations dont il a été parlé §§ 3o à 34, et qui deviennent nécessaires lorsque l'adversaire nous déroute en opposant un contre-temps. Outre ceux déjà donnés, on trouvera, §§ 77 et 78, un certain nombre d'exemples pour les exercices qui ont rapport aux variations.

Roux qualifie aussi les contre-temps, mais les contre-temps seulement, d'avant-coups (Vorhiebe), tandis que Fehn désigne par le même terme d'avant-coup (Vorhieb) tous les coups de temps. A cette occasion, il stigmatise l'usage prématuré et l'abus du procédé qui consiste à se dérober aux coups bas, en cherchant à les devancer par un contre-coup (vorschlagen). On ne verrait pas, dit-il, tant de visages balafrés, si leurs propriétaires s'en étaient tenus aux mouvements classiques; on ne doit apprendre le coup de temps (Vorhieb) à un élève, que lorsqu'il sait déjà bien attaquer et parer.

Je ne cite cette boutade, qui évidemment est à l'adresse de certains maîtres, que pour mieux accuser les nuances qui séparent les écoles. Schulze ne fait pas non plus les distinctions de Roux: il englobe les trois sortes de coups de temps sous le même nom d'avant-coups, coups précédant les autres, ou allant à leur rencontre. Il est clair que pour sortir des complications de classement, il faut recourir à la description et surtout à l'exécution de chaque botte.

Les exercices suivants fournissent le témoignage du soin que L.-C. Roux apporte à bien expliquer les parades après les attaques et à y exercer.

77. Série d'exercices pour apprendre à se défendre des coups dans le temps et à contre-temps, droitier contre droitier.

I. Le maître ouvre chaque phrase en attaquant en quarte haute. L'élève réplique par un double coup : quarte haute, quarte haute.

1° Le maître bat une quarte basse dans le temps de la deuxième quarte haute de l'élève. Celui-ci déplace son poing, pour ne pas être touché par la quarte basse du maître, en suivant le demi-fort de la lame de ce dernier. et arrête ainsi sa quarte basse (*fig.* 153 et 154).

153. Quarte basse. 154. Quarte haute à contre-temps.

2° Le maître bat dans le temps de la deuxième quarte, tierce basse ou seconde. L'élève, pendant le mouvement, déplace son poing. qui était en haut et à gauche de sa tête, et le dirige en bas et à droite, de façon à amener le fort de sa lame contre le demi-fort de la lame du maître. Il arrête ainsi les deux coups de temps susnommés (*fig.* 156).

3° Pour affermir dans les doubles coups, le maître bat à contre-temps, sur le second coup de l'élève, une quarte haute (Voir *fig.* 126 et 127, § 75), une tierce haute ou une prime.

II. Le maître attaque en tierce haute. L'élève réplique par un double coup : tierce haute, tierce haute.

1° Le maître bat dans le temps de la deuxième tierce une

155. Seconde.   156. Quarte haute à contre-temps.

tierce basse. L'élève fait quitter à son poing la position primitive, couverte en haut et à droite, le baisse et arrête la tierce basse du maître (Voir *fig.* 133 et 134, § 75).

2° Le maître bat dans le temps de la deuxième tierce une des trois quartes. L'élève déplace son poing à gauche, le mettant plus bas, fait retour, et arrête la quarte (*fig.* 157).

LES COUPS DE TEMPS.

3° Le maître bat sur la deuxième tierce de l'élève une tierce haute à contre-temps (Voir *fig.* 128 et 129, § 75).

III. Le maître attaque en prime. L'élève réplique par un double coup : seconde, seconde, ou tierce basse, tierce basse.

1° Le maître bat, dans le temps de la deuxième seconde ou de la deuxième tierce basse, une quarte basse. L'élève transforme

157. Tierce en croix à contre-temps.   158. Quarte basse.

son coup en parade pointe abattue de quarte basse (*fig.* 159):

2° Le maître, dans le temps de la deuxième seconde ou de la deuxième tierce basse, bat lui-même tierce basse ou seconde. L'élève transforme son coup en parade de seconde ou de tierce basse et riposte, selon le cas, par un coup haut (*fig.* 161 et 162, voir *fig.* 102 et 103, § 40):

3° Le maître bat à contre-temps prime ou quarte haute sur la deuxième tierce basse ou seconde de l'élève (Voir *fig*. 155 et 156).

IV. Il a été établi § 33 que si, dans le temps, l'adversaire bat en même temps que nous, une pleine quarte basse, seconde ou tierce basse, nous devons déplacer notre poing vers la droite pendant le mouvement, de façon à pouvoir de nouveau lancer notre

159. Pare.   160. Quarte basse.

coup en le dirigeant sur le demi-fort de la lame de l'adversaire et contre son visage.

Si nous avons attaqué, mais seulement par un demi-coup en quarte basse, ce qui nous aura tenu à distance, la défense la meilleure et la plus commode consistera en un « retour » de la quarte basse à la parade pointe haute de la tierce basse, comme on peut le voir sur une des figures de l'escrime au sabre : parade de la tierce basse.

La transformation du coup de quarte basse en parade haute de tierce basse s'obtient de la manière suivante : au lieu de prendre l'engagement franchement à gauche et en haut avec le poing, on fait très vite descendre verticalement celui-ci sous

161. Pare   162. Tierce basse.

l'épaule droite, en avant de laquelle on tend le bras dans une direction à peu près horizontale, et l'on présente le fort de la lame à la tierce basse ou à la seconde de l'adversaire.

On fait bien, dans toutes les variations auxquelles l'adversaire oblige par des coups de temps, de retirer, pendant la durée de la variation, pour le remettre ensuite là où il était avant, le pied duquel on s'est fendu. C'est ce qu'on appelle : esquiver le pied pendant le temps (mit dem Tempo des Fusses parieren).

78. Série d'exercices pour apprendre à se défendre des coups, dans le temps et à contre-temps, gaucher contre droitier.

I. Le maître attaque en tierce haute. L'élève réplique par le double coup : tierce haute, tierce haute.

1° Le maître bat dans le temps de la deuxième tierce haute, une quarte basse. L'élève baisse son poing verticalement et arrête la quarte basse du maître. C'est la même position du poing que dans la figure 133, § 75, avec cette différence que le mouvement, au lieu d'être en tierce haute, est en quarte.

2° Le maître, dans le temps de la deuxième tierce haute, bat tierce basse ou seconde. L'élève, comme gaucher, porte son poing à droite et en bas, et le fort de sa lame contre le demi-fort de la lame du maître, de façon à parer dans le temps de son double-coup qu'il achève en touchant (Voir *fig.* 145 et 146, § 75).

3° Le maître, pour confirmer l'élève dans les doubles-coups, bat sur la deuxième tierce une quarte haute à contre-temps (*fig.* 163).

II. Le maître attaque en quarte haute, l'élève bat le double coup : quarte haute, quarte haute.

1° Le maître alternativement, bat sur la deuxième quarte haute une quarte haute à contre-temps, ou il dégage en dessus et bat, dans le temps de la deuxième quarte haute de l'élève, une quarte haute ou horizontale en dehors, de telle façon que celui-ci soit forcé, pendant le développement de sa seconde quarte, de porter, comme gaucher, son poignet à gauche, ce qui lui fait parer le coup dans le temps; un droitier eût porté le poignet à droite.

2° Si les tireurs ont donné quarte basse sur quarte basse, celui

LES COUPS DE TEMPS.

qui a porté le coup le plus lentement est obligé à une variation, il faut qu'il fasse un retour pour prendre la parade de seconde, ou mieux, qu'il passe à la parade pointe haute, telle qu'elle sera expliquée dans la seconde partie de cet ouvrage.

163. Quarte haute du gaucher à contre-temps.   164. Tierce haute.

79. Coups à contre-temps sur le troisième coup de la phrase.

On sait déjà que les contre-temps ne sont pas faits seulement pour les demi ou molles attaques, mais aussi pour les plus violentes. Plus un tireur s'agite pour toucher, plus tôt il tombera, surtout s'il y a quelque propension naturelle, dans la faute des découverts, des efforts de bras, dans l'espérance de nous toucher, bien plus par des redoublements, des reprises et des remises, que par des coups d'attaque.

Ce sera un motif pour épier avec soin l'occasion d'appliquer les coups de temps à ses redoublements et à ses remises. Or, on peut affirmer d'avance que si un tireur est en état d'envoyer un coup de temps sur une riposte ou un redoublement, il le doit au soin qu'il aura apporté à l'exécution des doubles coups et à la vigueur qu'il y aura puisée.

Pour opposer des contre-temps aux ripostes, répliques, etc., il ne faut pas revenir tout de suite des demi-coups à la parade pointe abattue, mais préparer le contre-temps par un court engagement, comme celui qui est nécessaire pour exécuter un double-coup. On dessinera donc un double-coup dont le deuxième mouvement nous fournira l'avantage du contre-temps.

Par l'emploi du contre-temps sur les ripostes ou redoublements, le droitier enlève à son adversaire le moyen de porter les trois quartes sous la lame, ce qui constitue dans l'assaut, avec la parade garde en seconde, un des plus précieux éléments de défense.

Les coups de temps donnent occasion de revenir sur ce que dit Fehn des trois coups bas du gaucher qu'il englobe sous le nom de coups de celui qui larde (Spicker). Il les considère comme excellents, à la condition de partir de sa garde en retraite (Voir *fig*. 21, § 13; 57, § 26; 123, § 66), sans laquelle le gaucher serait mal couvert. A la suite de ses avant-coups (Vorhiebe), il donne un coup de gaucher qu'il nomme très avant-coup, coup de lame (Vorderhieb, Klingenhieb), coup lancé, qui semble avoir quelque analogie avec le coup d'archet (Streicher) de Schulze. Il le décrit ainsi (*fig*. 165) : Procéder comme si on voulait, depuis sa propre droite, lancer sa lame par-dessus celle de l'adversaire, dont on menace la tête du côté de l'oreille droite. Pour la réussite du mouvement, le poignet doit être plié de manière à être presque effleuré par la boucle du panier de la rapière. Ce coup, sans doute, ne vaut rien pour l'attaque, et il laissera des découverts : mais, en revanche, il est excellent comme riposte et coup de temps, contre les coups de lardeur.

Au commencement, l'élève s'y exercera très lentement et sur le mannequin. Lorsqu'il en aura bien l'exécution dans la main,

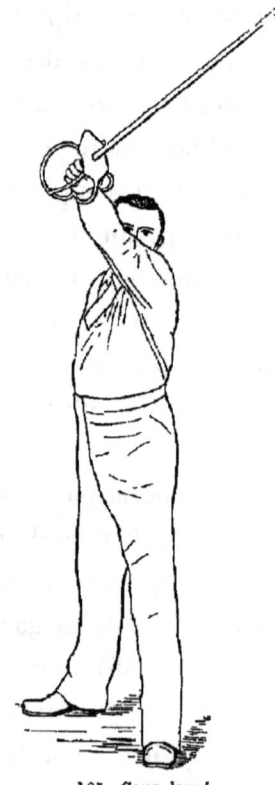

165. Coup lancé.

il augmentera de vitesse. Pour battre en retraite, il retirera le plus vite possible le bras et la main au corps. Le bras couvrira alors du côté tierce ; la lame et le panier couvriront contre un coup de lardeur et contre le même coup lancé.

Revenons maintenant aux exercices de coups à contre-temps sur le troisième coup de la phrase, qui font l'objet du commencement de ce paragraphe. Le maître. M. porte toujours le premier coup pour que l'élève. E, puisse exécuter le quatrième. en parade ou à contre-temps.

80. Série d'exercices : Coups à contre-temps sur le troisième coup de la phrase, droitier contre droitier.

1. M. bat demi-coup quarte haute. — E. demi-coup quarte haute. — M. coup entier quarte haute. — E. pare.
2. Répétition de la phrase. Mais E. au lieu de parer le troisième coup. porte un double-coup : quarte haute. quarte haute. dont le second arrive à contre-temps sur la quarte haute de M.
3. M. quarte haute. — E. tierce haute. — M. quarte basse. — E. pare.
4. Répétition : E. bat, contre la quarte basse. une quarte haute ou une quarte en croix à contre-temps.
5. M, tierce haute. — E, quarte basse. — M. quarte horizontale. — E. pare.
6. Répétition : E, transforme, par une variation, sa quarte basse en une quarte haute à contre-temps contre la quarte horizontale de M.
7. M. prime. — E. prime. — M. tierce basse. — E. pare.
8. Répétition : E. au lieu de parer. bat une tierce haute à contre-temps.

81. Série d'exercices : Coups à contre-temps sur le troisième coup de la phrase, gaucher contre droitier.

1. M, bat demi-coup tierce haute. — E, demi-coup tierce haute. — M, coup entier quarte haute. — E, pare.

2. Répétition : au lieu de parer le troisième coup, c'est-à-dire la quarte haute donnée par M. E. bat tierce haute à contre-temps (*fig.* 166 et 167. du Manuel).

166. Tierce haute du gaucher à contre-temps.   167. Quarte haute

3. M. tierce haute. — E. tierce basse. — M. tierce haute. — E. pare.
4. Répétition : au lieu de parer, E. bat quarte haute à contre-temps.
5. M. quarte haute. — E. tierce haute. — M. tierce basse. — E. pare.
6. Répétition : E. au lieu de parer, donne une tierce en croix à contre-temps.
7. M. tierce basse. — E. prime. — M. quarte basse. — E. pare.

8. Répétition : E. au lieu de parer, donne une tierce ou une quarte haute à contre-temps,

Etc.. en intervertissant les rôles (*fig.* 168 et 169).

168. Tierce basse du gaucher.   169. Quarte haute à contre-temps

On peut aussi remplacer, après le troisième coup de la phrase, le contre-temps par un coup dans le temps.

L'ASSAUT

PRÉPARATION A L'ASSAUT

82. Progression à suivre. Prise de mesure.

Le maître reprendra les exercices par lesquels il a terminé l'instruction, avec cette différence qu'il introduira dans la phrase un troisième ou un quatrième coup, non annoncé, pour accoutumer l'élève à juger des intentions de l'adversaire. Ce sera aussi une occasion d'insister sur certains mouvements et d'en expliquer quelques autres que l'on n'aurait pas encore vus. Dès que le maître jugera son élève suffisamment confirmé, il pourra le mettre en face d'un autre à peu près d'égale force, afin de lui permettre de réussir quelques coups. Ce sera une manière de lui faire sentir ses progrès et de l'encourager.

Pour équilibrer le mieux possible deux élèves, il est nécessaire de leur tracer un ordre et de veiller à ce qu'ils ne perdent ni la position ni la mesure, et ne tombent pas dans le ferraillement.

On commence par leur faire prendre mesure par l'engagement des lames. Les deux tireurs, droitier contre droitier, étant l'un en face de l'autre, ils croisent le fer en garde de tierce haute (Voir *fig.* 22 à 25, § 14), de telle façon que, s'ils portent fortement le haut du corps en avant, en étendant le bras à hauteur de l'œil, les montures se touchent. La jambe gauche, pendant l'inclinaison du corps, sera bien tendue.

Une autre méthode consiste à faire front, à tendre le fer en avant et à s'avancer jusqu'à ce que les deux pointes touchent les deux montures. L'un des tireurs se fend alors en arrière de la quantité nécessaire pour se mettre en garde, et l'autre se fend de la même manière, mais en avant.

170-171. Engagement pour l'assaut.

Cette dernière méthode est celle de Fehn (*fig.* 170. de Fehn). c'est aussi celle de Schulze, avec cette différence que les deux tireurs se fendent en avant, ce qui donne une mesure plus courte.

Une ancienne formule bien connue, qui peut aussi servir à remettre les tireurs en place pendant l'assaut, est la suivante :

1° Croisez. ou : Engagez le fer! ou : A vos mesures! (Auf die

PRÉPARATION A L'ASSAUT.

Mensur !) Les tireurs croisent le fer et prennent leurs distances, comme il a été dit :

2° Vous y êtes ! ou : Attention ! (Fertig !) Les tireurs placent les lames dans la position de garde pointe abattue ;

3° Allez ! (Los !) Les deux tireurs entament l'assaut. Il est bon de les surveiller dans les commencements et de les arrêter de temps en temps pour leur faire des observations sur les coups.

On trouvera aux §§ 83 et suivants cinq leçons d'assaut. Dans chacune des leçons pour droitier contre droitier, et il en sera de même dans celles pour gaucher contre droitier, on recommencera plusieurs fois chaque phrase. ensuite, le maître et l'élève reprendront la phrase en changeant de rôles.

83. Cinq leçons d'assaut pour droitier, D, contre droitier, D'.

PREMIÈRE LEÇON. D. D'.

Phrases de trois coups.

1. D. demi-coup quarte haute. — D', demi-coup quarte haute.
   — D, cherche à toucher son adversaire par un coup entier de quarte haute donné. ou sur la lame. ou sous la lame à l'aide de la parade en contre-choc.
2. D. demi-coup tierce haute. — D', demi-coup tierce haute.
   — D. coup entier tierce haute.
3. D. demi-coup quarte haute. — D'. demi-coup quarte haute.
   — D, coup entier tierce haute.
4. D. demi-coup quarte haute. — D'. demi-coup quarte haute.
   — D, coup entier quarte basse. avec l'intention de toucher D' sous la lame. ou au moyen d'une variation sur la lame.
5. D, demi-coup quarte haute. — D'. demi-coup quarte basse.
   — D. coup entier tierce haute ou quarte en croc (Haken-

quart) pour toucher l'adversaire par-dessus le crispin (Voir *fig.* 172, § 84).

6. D. demi-coup en tierce haute. — D' demi-coup en quarte haute. — D. coup entier en quarte horizontale sous la lame.
7. D. demi-coup en quarte haute. — D' demi-coup en quarte basse. — D. coup entier en quarte haute sur la lame, ou en quarte horizontale sous la lame.

Deuxième leçon. D. D'.
Phrases de quatre coups.

Cette deuxième leçon comporte des phrases de quatre coups, dont le quatrième est à contre-temps. Les trois premiers sont les mêmes que dans la leçon précédente. Il a paru inutile de les écrire de nouveau aux n°s 2. 3. 4. 5. 6. 7.

1. D. demi-coup quarte haute. — D'. demi-coup quarte haute. — D. coup entier quarte haute.
D' pare ce dernier coup, tantôt avec la parade, tantôt en battant une quarte haute à contre-temps.
2. D. troisième coup : entier tierce haute. — D', alternativement, pare ou bat une tierce à contre-temps.
3. D', sur le troisième coup : pare ou bat quarte horizontale à contre-temps.
4. D'. sur le troisième coup : pare ou bat à contre-temps, quarte haute ou tierce en croix.
5. D'. sur le troisième coup : pare ou bat quarte haute à contre-temps.
6. D', sur le troisième coup : pare ou bat à contre-temps quarte haute ou tierce en croix.
7. D'. sur le troisième coup : pare ou bat quarte haute à contre-temps.

Troisième leçon. D. D'.

Phrases de quatre coups.

On utilise encore les phrases de la première leçon et on les fait suivre d'un quatrième coup non annoncé.

Quatrième leçon. D. D'.

Phrases de quatre coups.

On continue à utiliser les mêmes phrases. D pare le quatrième coup, qui ne doit pas être annoncé, ou bat un contre-temps, s'il en trouve l'occasion.

Cinquième leçon. D. D'.

Phrases de six coups.

On laisse les tireurs se porter une série de six coups à leur choix : on se place comme second auprès de l'un d'eux, et l'on arrête, après avoir pris la garde en seconde, les coups non parés qui passeraient sous la lame. En même temps, on exerce aux fonctions de second un élève placé auprès de l'autre tireur.

84. La quarte en croc.

Pour avoir occasion de donner tierce haute par-dessus le crispin de l'adversaire, après qu'il a battu une quarte basse, il faut, avant tout, qu'il revienne tardivement à la parade haute par le crispin.

Cependant, même quand son retour a été prompt, il est possible de le toucher si, en voulant parer avec son crispin, il porte son poing trop à gauche, après la parade de quarte. Certains tireurs timorés, dans l'appréhension de ne pas juger de la réplique de leur adversaire, reviennent, après toutes leurs attaques, à la parade pointe abattue contre quarte basse, parce que, si elle est bien faite, dans droitier contre droitier, bien entendu, elle couvre de tous les coups dont l'usage est permis par la coutume. Cette pratique est méprisée chez les étudiants, qui l'appellent en leur langage : « Se battre en couard » (Verkniffen fechten).

172. Quarte en croc.   173. Présente un découvert à la quarte en croc.

L'application continuelle et invariable de la parade étant extraordinairement forcée et fatigante, celui qui en fait usage finit par laisser tomber son avant-bras. Comme malgré cela, et dans certaines conditions, il peut encore être couvert, il vaut mieux, au lieu d'une tierce haute, diriger sur sa tête une quarte haute par-dessus son bras (*fig.* 172 et 173). C'est pendant le mouvement que la tierce haute devra être convertie en quarte. Ce coup est nommé quarte en coup de hache ou en croc (Hacken ou Hakenquart), parce que la lame ne fait plus un angle de 45° au-dessus de l'oreille droite de celui qui la tient, mais un angle plus grand, un crochet, vers le côté gauche du corps, le même que dans un contre-temps en quarte haute. C'est de cette circonstance que viennent les deux expressions dont beaucoup de tireurs se servent improprement quand ils disent qu'ils « ont

174. Quarte haute du gaucher.   175. Pare avec le crispin

battu une quarte en croc à contre-temps, ou une quarte en croc sur le crispin ». On peut voir aussi les figures 174 et 175, du Manuel, qui représentent la parade du crispin contre une quarte haute de gaucher.

La quarte en croc sur le crispin ne peut trouver d'application que dans le cas où l'adversaire, se comportant comme il vient d'être dit, a réellement baissé le bras ou a déjà baissé le poing en parade de quarte, mais trop sur le côté, de façon qu'il soit derrière sa lame. Car, si au lieu d'une tierce nous voulions envoyer à l'adversaire, déjà en haute garde normale, une quarte en croc par-dessus son crispin, nous ne serions plus couvert contre un coup de temps. Il vaut mieux alors employer le coup d'occiput, décrit § 27, figure 59. La quarte en croc se prête principalement à la riposte (Voir la parade de ce coup, *fig.* 101, § 39).

Fehn écrit ·· Hacken ˝ dans ·· Hackenquart ˝ : Schulze et Roux qui d'ailleurs donne ·· Haken ˝ comme synonyme de ·· Winkel ˝ qui signifie angle, écrivent ·· Haken ˝ sans c. Or, ·· hacken ˝ veut dire donner un coup de hache, ce qui répond bien à la manière de donner le coup, et ·· haken ˝, sans c, veut dire accrocher, ce qui répond mieux à la façon dont est dirigée la lame.

Schulze place aussitôt après la description de la quarte celle de la quarte en croix et, ainsi que Fehn, celle de la quarte en croc, tandis que Roux a attendu jusqu'à l'assaut l'occasion de donner cette dernière. Il donne aussi la tierce en croix (Winkelterz), analogue dans sa disposition à la quarte en croix (Voir *fig.* 157, § 77).

La quarte et la quarte en croc ne diffèrent l'une de l'autre, dit Schulze, que parce que dans celle-ci la lame est ramenée plus à gauche et fait un angle plus grand avec la verticale, ce qui permet d'asséner le coup avec plus de violence.

85. Les gauchers Placement des seconds.

Le gaucher prend sa garde en quarte, vis-à-vis du droitier, au lieu de la prendre en tierce. On peut consulter dans l'escrime au sabre les figures qui donnent l'engagement du droitier et celui du gaucher.

Dans le combat de gaucher contre droitier, au début, la garde peut être encore plus verticale et la parade de tierce prise encore de plus près, comme le fait comprendre la figure 100, § 39, que l'on peut comparer à la figure 37, § 21.

Si l'on veut apprendre à un élève à seconder un gaucher, cet élève, pour pouvoir parer les coups, devra se placer en dedans du gaucher et tenir sa rapière de la main gauche. Il en sera autrement s'il est dans le cas de servir comme second de dehors, éloigné (abgetretener). Il secondera alors le gaucher de la main droite, en se plaçant en dehors, ce qu'on appelle seconder par-dessus le croisement (Kreuz).

86. Cinq leçons d'assaut pour gaucher, G, contre droitier, D.

Mêmes observations préliminaires que pour droitier contre droitier, au sujet de la répétition des phrases, de l'alternance des rôles entre le maître et l'élève et de la surveillance pendant l'exécution des premiers coups.

Première leçon. G. D.

Phrases de trois coups.

1. G. demi-coup tierce haute. — D. demi-coup tierce haute. — G. coup entier tierce haute sur ou sous la lame.
2. G. demi-tierce haute. — D. demi-tierce haute. — G. coup entier quarte haute.
3. G. demi-quarte haute. — D. demi-quarte haute. — G. coup entier tierce haute.
4. G. demi-quarte haute. — D. demi-tierce haute. — G. coup entier tierce basse.
5. G. demi-coup tierce haute. — D. demi-coup tierce basse. — G. coup entier tierce haute.

6. G, demi-coup quarte haute. — D, demi-tierce basse. — G, coup entier tierce haute.
7. G. demi-coup tierce haute. — D. demi-coup tierce haute ou prime. — G. coup entier tierce basse, seconde ou quarte haute.

Deuxième leçon, G, D.
Phrases de trois coups.

Elle consiste dans la répétition des sept phrases de la première leçon; seulement, après le premier coup qui est donné par le gaucher, le droitier, alternativement, pare ou donne à contre-temps un des coups suivants : 1° quarte haute; 2° tierce haute; 3° quarte haute; 4° tierce en croix; 5° tierce haute; 6° quarte haute; 7° tierce en croix ou prime.

Troisième leçon. G. D.
Phrases de quatre coups.

Même série, avec cette différence qu'on fait suivre le troisième coup d'un coup non annoncé.

Quatrième leçon. G. D.
Phrases de quatre coups.

Même série. Le quatrième coup non annoncé sera suivi d'une parade ou d'un contre-temps, au choix de l'adversaire.

Cinquième leçon. G. D.
Phrases de six coups.

Les adversaires tirent à volonté, dans les mêmes conditions que droitier contre droitier. Cette cinquième leçon est particulièrement commode pour exercer des élèves aux difficiles fonctions de seconds.

87. Autre manière de revenir en garde pointe abattue, après un coup de temps, ou une parade pointe haute, de l'adversaire.

Je me vois amené, dit Roux, à attirer l'attention sur une autre manière de revenir en garde que celle que j'ai précédemment indiquée. Il se peut que notre adversaire, après avoir paré un des coups admis par la coutume, au moyen d'un coup de temps en quarte haute, se propose de nous porter, en liaison et sans prendre de nouvel engagement, une deuxième quarte haute, dans le temps de notre retraite à la parade pointe abattue.

Après la rencontre des coups de temps en quarte, on ne se retirera pas de la parade pointe abattue par le mouvement circulaire qui a été décrit, mais on ramènera vivement la lame, par le plus court chemin, à la position de garde pointe abattue. De sorte qu'un mouvement qui, en général, serait faux, devient juste en pareil cas.

On se retirerait encore de la même manière, si on avait affaire à un tireur habile dans l'escrime pointe haute, au sabre, qui parerait la quarte haute, la prime ou la tierce haute, par une quarte oblique, et riposterait par une quarte haute ou horizontale de la façon qui a été indiquée ci-dessus.

Il n'est pas besoin d'insister davantage pour faire comprendre que celui qui veut posséder l'art à fond doit aussi se familiariser avec l'escrime pointe haute, parce qu'elle fournit des moyens dont on peut tirer bon parti. Sans doute, l'escrime pointe abattue, qui est la préparation indispensable à l'étude complète de l'escrime, est en même temps un jeu spécial, mais on ne peut s'y fortifier et s'en approprier toutes les ressources qu'en continuant à s'initier aux divers procédés auxquels elle a servi de prélude.

PRATIQUE DE L'ASSAUT

88. Observations et conseils.

L'assaut permet de coordonner en phrases variées, mais régulières, les principes de l'attaque et de la défense, et il fait contracter l'habitude de leur observation. Il prend un caractère particulier dès qu'on apporte des restrictions conventionnelles à l'emploi de coups déterminés, ainsi que cela a lieu dans les duels soumis à la coutume des étudiants.

Quant aux coups admis, il faut pouvoir les exécuter avec une certaine virtuosité. Mais celui qui ne chercherait à développer son talent que dans l'assaut, et qui ne reviendrait pas sans cesse à la pratique régulière et méthodique des leçons de salles d'armes, s'exposerait non seulement à voir s'arrêter ses progrès, mais bientôt à perdre peu à peu ce qu'il aurait appris.

Du reste, le lecteur a déjà dû voir que les séries progressives auxquelles le maître a exercé l'élève ne sont autre chose que des phrases d'assaut, avec cette différence que, dans l'assaut, l'élève est livré à ses propres inspirations et à ses seuls moyens. Au commencement, il fera bien de se mesurer avec ses aînés, plus experts que lui, et de ne pas s'intimider. Ces derniers, pour peu que leur cadet tire avec régularité, et s'il manque seulement de force et de vitesse, devront ne pas abuser de la supériorité qu'ils possèdent sur lui pour troubler son jeu. Et même, en s'y prêtant, ils finiront par y trouver le plaisir que l'on éprouve à faire faire des progrès à un moins habile que soi.

Il est très important de varier les coups et les parades, aussi bien que de ne pas tirer toujours avec la même personne, sans quoi on s'accoutume tellement aux coups l'un de l'autre, qu'il devient presque impossible de se toucher. On conçoit alors, sur sa propre habileté, des illusions qu'un tireur médiocre, mais dont le jeu surprend, est fort capable de nous enlever.

De même qu'il est mauvais, dans un assaut, de prendre de trop fréquents repos, il l'est encore bien davantage de combattre jusqu'à épuisement des forces ; cela amène l'irrégularité, la raideur et la lenteur.

Attendu qu'il convient d'alterner les rôles, on doit éviter de placer en face l'un de l'autre des tireurs de statures trop inégales. On doit proscrire absolument une mesure trop courte et empêcher par le commandement : Halte ! les tireurs de s'y engager, si l'on ne veut pas que le combat dégénère en pugilat. Il est essentiel de bien savoir ce que l'on veut faire, et de ne pas s'envoyer les coups à l'aveuglette. Quand les anciens maîtres voyaient tomber dans cette faute, ils disaient de ceux qui la commettaient : Ils ferraillent ! (sic raufen), nous disons maintenant : Ils bûchent ! (sic holzen).

Bûcher ne pouvant mener à rien, si ce n'est à l'accablement du plus faible par le plus vigoureux, on ne doit pas hésiter à y mettre un terme. On aura le moyen de le faire à propos, en remarquant qu'une phrase peut toujours être interrompue après un coup porté dans le temps, et après une parade non suivie de riposte ou de coup.

Voici, pour fixer les idées, deux modèles d'assaut.

89. Assaut de droitier, D, contre droitier, D'.

D, est de plus grande stature que D'. qu'il se fait fort de toucher en tierce haute. D'. sachant que les coups hauts de son adversaire sont les plus dangereux pour lui, se met en garde la main un peu haute, et se propose de toucher D par une des trois quartes sous la lame.

L'ASSAUT.

Première reprise. D, D'.

1. D attaque en quarte haute.
2. D' pare et bat tierce haute.
3. D pare et bat quarte horizontale.
4. D' pare et bat quarte basse, à toucher (auf den Treffer).
5. D pare et bat tierce haute, à toucher (*fig.* 177).

176. Pare avec le crispin. 177. Tierce haute.

6. D' pare avec le crispin et bat demi-tierce haute.
7. D pare avec le crispin et bat quarte basse.
8. D' pare et bat sur la quarte basse de D, une quarte haute à contre-temps et, par là, interrompt la phrase.

Tous deux, D et D', ont eu, dans cette reprise, occasion de porter le coup qu'ils s'étaient proposé.

D' cherchait, par sa riposte en quarte basse, quatrième coup, à toucher le grand D, qui lui avait envoyé, troisième coup, une quarte horizontale. De même au cinquième coup, D a cherché à placer sa tierce haute. Mais chacun ayant paré, ni l'un ni l'autre n'a pu réussir ; la phrase se termine, et ils vont en commencer une autre, sans abandonner leurs desseins respectifs.

Deuxième reprise. D. D'.

1. D attaque par une tierce haute.
2. D' pare et bat quarte haute.
3. D pare et bat quarte haute.
4. D' pare et bat tierce haute.
5. D pare et bat quarte horizontale.
6. D' pare et bat tierce haute à fond.
7. D pare et bat, comme dans la première reprise, quarte basse, mais vigoureusement et à toucher.
8. D' pare ; il ne riposte pas, ce qui met fin à la phrase.

Cette fois, il était à prévoir que les deux tireurs chercheraient à découvrir le plan l'un de l'autre. En effet, D s'efforçait ostensiblement de toucher par des coups bas, tandis que D' répétait les coups hauts, ce qui se voit au quatrième et au sixième, afin de faire croire à D que son dessein est de le toucher de cette manière.

Troisième reprise. D. D'.

1. D attaque encore, comme au début, en quarte haute.
2. D' pare et bat quarte haute.

3. D pare et bat quarte horizontale.
4. D' pare et bat tierce haute.
5. D pare et bat quarte haute.
6. D' pare et bat demi-quarte haute.
7. D pare et bat, pour la troisième fois, au septième coup, quarte basse,

afin d'entraîner D' à un contre-temps en quarte haute ou à une tierce en croix, ce qui permettrait à D de toucher D' par un double coup : quarte basse, tierce haute. Mais D' a bien jugé les intentions de D : il bat bien tierce en croix sur la quarte basse de D, mais pas à contre-temps, mais pendant le temps et seulement à moitié, de sorte qu'il arrive à parer la tierce haute au moyen de laquelle D comptait en arriver à ses fins. Il la contre-choque tout à coup vigoureusement avec la lame, en prenant son point d'appui à droite, et presque aussitôt il porte, dans le temps, à D, une quarte haute ou horizontale sous la lame.

Si D' a eu la chance de réussir, il le doit principalement à la souplesse avec laquelle il a transformé sa parade de tierce. S'il avait, comme dans l'autre reprise, paré avec le crispin, la tierce à toucher de D, il est douteux qu'il fût parvenu à toucher D sous la lame. Le crispin est en effet un obstacle mou qui ne repousse pas la lame adverse en arrière, comme lorsqu'elle tombe sur un acier vibrant et élastique.

90. Assaut de gaucher, G, contre droitier, D.

Dans l'assaut de gaucher contre droitier, même quand il est soumis à la coutume, il y a un certain nombre de feintes faciles et utiles : c'est pourquoi elles sont introduites dans l'exemple suivant.

Le gaucher. G. se propose de toucher son adversaire D, par une tierce basse sous la lame. D veut, au contraire, toucher par une tierce haute sur la lame.

Première reprise, G. D.

1. G attaque en tierce haute.
2. D pare et bat quarte haute.
3. G pare et bat tierce basse.
4. D pare et bat tierce haute.
5. G pare et bat tierce haute.
6. D pare et donne en feinte. tierce basse. quarte haute.
7. G pare et donne en feinte, tierce basse. tierce haute.
8. D pare et interrompt la phrase pour se reposer.

Dans ce qui précède. G cherchait à savoir comment D s'y prendrait pour parer la tierce basse : une première fois, au moyen du troisième coup, tierce basse, par lequel il ne songeait pas encore à toucher, et une seconde fois. au moyen de ses feintes tierce basse, tierce haute.

D a mieux dissimulé son projet, car il n'a donné qu'une seule tierce haute, et encore sans la porter à fond.

Deuxième reprise, G, D.

1. G attaque en quarte haute.
2. D pare et bat tierce haute.
3. G pare et bat tierce haute.
4. D pare et bat tierce basse.
5. G pare et bat quarte haute, à demi.
6. D pare et bat une feinte quarte haute, tierce basse.
7. G bat, sur la tierce basse de la feinte. une tierce en croix à

contre-temps et, par là, interrompt la phrase qui alors ne comporte pas de huitième coup.

Dans cette reprise, D a voulu tâter son adversaire et savoir s'il était enclin aux coups à contre-temps, et comme il a trouvé que c'était le cas, il a conçu l'espérance de réussir, dans la reprise suivante, la tierce haute qu'il médite. G, au contraire, a entièrement dissimulé son intention, puisque, par sa conduite, il a fait croire à D, que de sa part, à lui D, un coup haut réussirait.

Troisième reprise. G. D.

1. D attaque par une tierce basse.
2. G pare et bat tierce haute.
3. D pare et bat quarte haute.
4. G pare et bat quarte haute.
5. D pare et bat tierce basse.
6. G pare et bat une tierce haute, à demi.
7. D pare et essaie de nouveau sa feinte du sixième coup de la reprise précédente, en quarte haute, tierce basse.
8. G ne bat plus à contre-temps, cette fois, mais pare et dessine, avec une rapidité extraordinaire, une feinte tierce haute, tierce basse.

On ne saurait décider, dit Roux, que cette feinte double : tierce haute, tierce basse, exécutée à la fin de la phrase, a fait triompher le gaucher. Tout dépend, en escrime, d'une bonne défense, et il n'y a pas de mouvement auquel on n'en puisse opposer un autre, ni de procédé qui ne puisse être déjoué. Dans tous les cas, le moment de partir à fond était venu pour G. Si, par exemple, G avait dessiné, suivant la routine ordinaire, sa première feinte en tierce haute, en penchant le haut du corps vers D, on ne peut pas affirmer que D n'aurait pas supposé que G voulait réellement détacher sa tierce haute à toucher, et qu'alors il n'aurait pas laissé s'ouvrir le découvert par lequel devait arriver la tierce basse.

178. Le gaucher pare sur le crispin.   179. Quarte haute.

L'ESCRIME

AU

SABRE COURBE

OU

DROIT

LES ARMES ET LES ÉQUIPEMENTS

91. Caractères de l'escrime en garde pointe haute, avec des armes courbes ou droites.

Dans l'escrime dite en garde droite, relevée (steile), POINTE HAUTE (Voir *fig.* 180 et 181, § 95), l'arme est tenue obliquement la pointe en haut, le bras est tendu directement contre l'adversaire, et le corps est très en retrait. Cette escrime est en usage avec les armes de taille, courbes ou droites.

C'est la garde pointe haute qui procure la parade la plus forte et la plus rapide; le coup de l'adversaire tombant sur le fort de la lame ou sur la monture, se brise presque aussitôt; il faut par conséquent moins de force pour l'opposition, ce qui en laisse davantage pour retourner à l'attaque.

De la parade on revient très vite à la riposte, et l'on châtie aisément. par un coup de temps, celui qui se laisse prendre en défaut. Mais la parade pointe abattue conservant le très grand avantage de protéger toutes les parties basses du corps, il est bon, même dans l'escrime pointe haute, d'y revenir quelquefois, d'autant plus que le sabre y peut servir aussi bien que la rapière.

Enfin l'escrime pointe haute permettant de très promptes ripostes ou répliques, se recommande aux officiers par ce motif. C'est l'escrime des militaires, car elle se prête à l'emploi d'armes de guerre beaucoup plus légères et moins surchargées que les armes d'école.

L'opinion des différents maîtres, comme celle de Roux qui ne se lasse pas d'y revenir. est qu'on n'arrive sérieusement à tirer pointe haute. qu'après avoir passé par l'escrime pointe abattue. D'ailleurs, en examinant de près la première, celle que j'appelle : le sabre, par abréviation. puisque. à la rigueur, les deux genres s'accommodent indifféremment de lames droites ou courbes. on trouve qu'elle ne diffère pas sensiblement de la seconde, en ce qui concerne la manière de porter les coups et d'opposer la lame. et que c'est surtout par le mode de couverture qu'elle s'en écarte. C'est par là aussi qu'elle se distingue de notre escrime au sabre, où le bras est légèrement plié au lieu d'être allongé, et où tous les membres se détendent comme un ressort au moment de porter le coup.

92. Les armes.

Les armes courbes sont les propres armes de taille, et leurs coups entrent bien plus profondément que ceux des armes droites, mais c'est à peu près là leur seul avantage ; il est compensé par des inconvénients graves. Leur centre de choc étant très rapproché de la main, elles obligent à se battre en très courte mesure. ce qui est généralement fâcheux. La partie antérieure de la lame, à cause de son renversement en arrière, fait arriver le coup plus tard, de sorte qu'il peut, à la rigueur, être paré dans un cas où, avec une lamé droite, il n'aurait pu l'être. Le fouettement n'est pas possible, la lame tourne trop facilement sur son plat. Aussi il est bon de commencer l'élève avec une lame droite et de ne lui en confier une courbe que lorsqu'il sera familiarisé avec le maniement de la première.

Il faut constater cependant que l'on donne bien mieux, et bien plus juste, avec une lame courbe. les tailles (Schnitte) dont il sera parlé plus tard.

Une flèche de 7 centimètres au maximum suffit pour une lame de 84 centimètres de long. Les sabres d'école sont montés comme les rapières. seulement les montures sont encore plus solides. et l'on réduit la flèche de courbure à 3 centimètres et demi. Le poids d'une lame est d'environ 430 grammes, celui d'un sabre monté. de un kilogramme 300 grammes.

Roux affirme que ceux qui ont étudié d'abord avec la rapière droite, puis avec le sabre, ou rapière courbe, se sont ensuite trouvés tout naturellement habiles au maniement d'autres armes construites d'une manière différente.

La lame reçoit la monture à cloche ou celle à panier, indifféremment. Le genre de la monture importe peu, pourvu que le poing soit bien protégé. Roux répète que, quant au reste, il en fait bon marché. qu'il s'agisse de l'œillet en cuir de la rapière à panier ou du pontet de la rapière à cloche, héritage des vieilles rapières espagnoles. Toutefois. il ne donne pas de figure du sabre monté à cloche. Il déclare que, dès qu'il s'agira d'armes de guerre, il accordera toujours la préférence à celle qui se prêtera le mieux au combat d'estoc et de taille, en conséquence.

à une lame droite tranchante et bien dans la main, comme celles presque partout adoptées maintenant.

93. Les équipements.

Ils sont les mêmes que lorsque l'on se sert de la rapière droite, pointe abattue, mais il n'en est fait usage habituellement qu'à la salle d'armes et non dans les rencontres. Ce point est tout à fait important à noter. On en peut conclure que c'est la garde pointe haute qui est toujours adoptée dans les duels sérieux.

L'INSTRUCTION

LES PRÉLIMINAIRES

94. La position.

A l'exception de ce qui concerne la garde, la position est la même que pour la garde pointe abattue (Voir *fig.* 8 à 21); toutefois, le bas du corps est encore plus rentré, et le haut encore plus sorti. De cette façon, les côtes se rapprochent comme les lames d'une cuirasse et s'opposent à ce qu'un coup arrivant sur la poitrine, et non paré, atteigne les parties vitales. L'escrime au sabre devant être pratiquée principalement par le soldat et avec des armes militaires, il en résultera à coup sûr des actions irrégulières et brutales. C'est une raison pour se rappeler ce qui a été dit § 12 : La jambe d'avant doit être jetée sur le côté pour échapper à l'atteinte des coups qu'elle recevrait immanquablement ; cela procure encore d'autres avantages, par exemple, celui d'assurer l'équilibre.

95. La garde, pointe haute.

Le tireur aura la poignée de son arme à hauteur de l'épaule, en position de tierce (*fig.* 180 et 181). Sa lame sera inclinée à 45°, de bas en haut et de droite à gauche, le tranchant en dehors, de manière à couvrir en tierce. L'autre tireur ayant fait de même, on dira qu'ils sont engagés en tierce en dehors. Il n'est pas nécessaire que les fers se touchent, mais c'est désirable si l'on peut y arriver sans livrer le faible de la lame. Le tact donne, en effet, des indications utiles.

180-181. Engagement du fer, droitier contre droitier.

Les deux adversaires étant couverts en tierce, si l'un veut attaquer par un autre engagement, il est obligé, notamment s'il cherche les coups en dedans, de dégager, et, pour le « sentir venir », le tact de la lame est ce qu'il y a de mieux. Pour rendre le changement de son sabre plus commode, le gaucher tient la main plus bas et la pointe plus haut que le droitier (*fig.* 182). Le dégagement peut avoir lieu en dessus, par une sorte de coupé (über unsere Auslage überheben).

L'INSTRUCTION.

Il se pourrait que l'adversaire voulût, en se mettant en garde, « dérober le fer » ou se refuser à l'engagement de tierce ; alors on prendra l'engagement qu'il offrira. Ce ne sera pas une gêne pour le tireur exercé, et l'autre n'y perdra rien pour attendre.

182-183. Engagement du fer, gaucher contre droitier.

96. La mesure ou distance.

La définition générale en a été donnée au § 14. L'importance de la mesure augmente dans un genre de combat où l'on ne se sert pas d'équipements défensifs.

On distingue, au sabre comme à la rapière, trois espèces de mesures :

La mesure longue; le tout-faible des lames est seul engagé. Elle est très convenable au début du combat, lorsque l'on ne connaît pas la force de son adversaire. On tire alors à la main et au bras.

La mesure moyenne; les lames se touchent au demi-faible. C'est la mesure ordinaire, parce que, avec une fente médiocre, on arrive à toucher le corps de l'adversaire avec le tranchant du sabre, et parce que l'on peut parer sans fatigue.

La mesure courte : les lames se touchent au demi-fort, c'est la plus incommode pour l'attaque comme pour la défense.

La forme courbe de l'arme et la variété des coups empêchent de déterminer un type de mesure comme à la rapière. Le mieux est de la fixer d'abord au jugé, en s'aidant ensuite, s'il le faut, d'un tâtonnement pratique.

97. Marcher, rompre, traverser, volter.

On marche quand l'adversaire rompt pour se mettre hors d'atteinte. Rompre, constitue un acte de faiblesse auquel un bon tireur ne se laisse jamais aller. Il ne doit pas non plus avancer sans nécessité. S'il y est forcé, il s'y prendra de la manière suivante (Voir § 15) :

1° Sa mesure, par exemple, est trop longue. Figurer une feinte, avancer le pied gauche, refaire un pas du pied droit et porter un coup en se fendant;

2° Si l'adversaire rompt, au lieu de retirer le pied droit en arrière après s'être fendu, avancer le pied gauche;

3° Si l'adversaire s'est penché pour faire une feinte et en a profité pour rompre ensuite, on gagne du terrain comme il a été dit ci-dessus;

4° L'adversaire avance-t-il de son propre mouvement pour

entrer dans la courte mesure, le mieux est de volter et de lui porter un coup d'arrêt dans le temps (Voir § 77, IV).

L'officier, qui doit faire appel à tous ses moyens de défense, *pointera* le coup de temps.

On appelle traverser, se fendre très obliquement à droite, en même temps qu'on penche fortement le corps en avant du même côté. Beaucoup de tireurs font cela pour donner, par exemple, une quarte haute en dedans, mais il est clair qu'on se découvre à gauche et qu'on a plus de chemin à faire pour aller à la parade. Aussi on ne recourt pas volontiers à ce moyen, excepté quand c'est, par exemple, pour changer de place sur le sol, éviter le soleil, etc.

La contre-partie de traverser est de volter (Voir § 15), avec cette différence qu'on rapporte d'abord le pied gauche plus près du droit, et qu'ensuite on rétablit l'écartement en se fendant. On volte quand l'adversaire a déjà traversé une ou deux fois. Le but que l'on se propose en traversant, on peut aussi l'atteindre par une volte, en parant quarte et en portant, sans engagement, quarte haute dans le temps, tout en posant le pied.

98. La fente.

La fente s'exécute comme avec la rapière droite (Voir § 16). Lorsque l'on tire à toucher, elle est de nécessité absolue, car ce n'est que par son moyen que nous pouvons atteindre un adversaire tenant la pointe haute.

99. Divisions de la tête. Autres parties vulnérables.

Les divisions de la tête, considérée comme but des coups, sont les mêmes que pour la rapière (Voir § 17). Il est très important de ne pas les perdre de vue, parce qu'il faut que les coups, pour être efficaces, non seulement arrivent suivant les directions convenables, mais soient aussi portés couverts (*fig.* 184 et 185).

On a vu, par exemple, au § 84, à propos de la quarte en croc, qu'une quarte haute, qui tombe sur la parade du fort de la lame de l'adversaire, ne peut pas nous couvrir contre les coups de

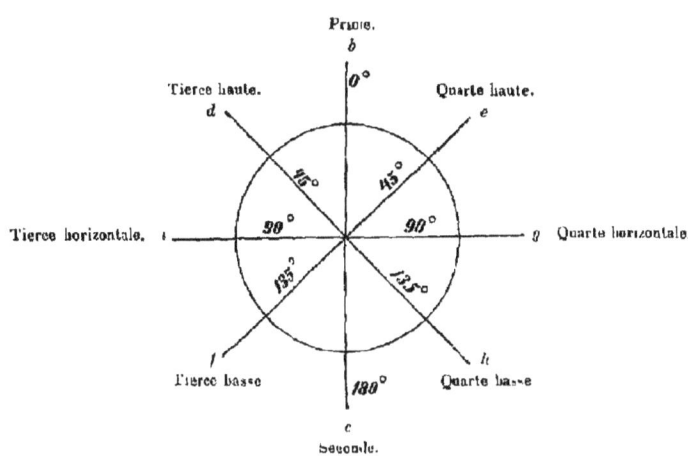

184. Objectif du droitier en garde pointe haute.

temps courts, tierce haute ou tierce d'occiput, si nous avons battu cette quarte vers la tête d'un adversaire qui se tient en position correcte, par-dessus son bras ou son crispin. Mais comme, dans les circonstances graves de la vie où l'on aura à se servir du sabre, personne n'aura à sa disposition d'équipement protecteur pour le bras, nous pourrons, en raison de la garde haute, toujours toucher celui-ci, soit en tierce basse, soit en seconde. sans pour cela nous découvrir. Il résulte de là que ce n'est pas seulement la tête, mais aussi le bras, que l'on peut attaquer couvert.

Une parade manquée de notre adversaire, fera donc tomber sur son bras le coup couvert adressé à sa tête. mais sans que, pour cela, nous devions cesser de nous couvrir des coups de temps hauts. Par suite de ce qui précède. nous appellerons

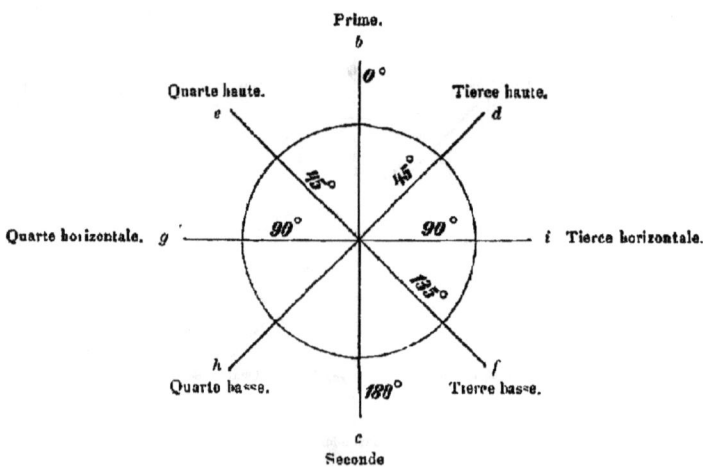

185 Objectif du gaucher en garde pointe haute.

dehors, non pas uniquement le côté droit de la tête, mais tout le côté droit du corps, lequel est ouvert à nos coups dans un duel à outrance.

On trouve dans le traité de Meyer, publié en 1570, un schema donnant exactement les huit directions des figures 184 et 185, mais au lieu de se limiter à la tête, elles sont placées sur un rectangle représentant toute la surface du corps de l'homme.

LES COUPS

100. Direction des coups, dans la garde pointe haute, avec les armes à lames droites.

Avec des armes de pesanteur moyenne, bien équilibrées sur le poing et à lames droites, les coups sont portés dans les directions indiquées précédemment. Les trois coups : tierce basse, seconde, quarte basse, peuvent aussi être dirigés sur le bras.

Mais dans la garde pointe haute, les coups ne peuvent pas être conduits de la même façon, selon qu'on les porte avec des lames droites ou avec des lames courbes. Avec des lames droites, il suffit de suivre le chemin le plus court, parce que la position du bras et de l'arme met bien plus près des attaques que dans la garde pointe abattue. On va voir qu'il en est tout autrement avec des lames courbes.

101. Les engagements des différents coups avec les armes à lames courbes ou demi-courbes.

Au sujet de la couverture, on se comportera, le bras tendu et sorti de l'épaule, comme avec le sabre droit, mais les engagements seront différents et varieront suivant que le coup partira de la position de garde ou qu'il sera envoyé en riposte après la parade. Les coups du sabre courbe suivront généralement une ligne courbe, tandis que ceux du sabre droit suivent une ligne droite. Cependant quelques-uns, à la condition que les lames ne soient pas trop lourdes, pourront se rapprocher du chemin le plus court propre au sabre droit. On sera donc amené, dans l'escrime pointe haute, à des modifications dépendant du degré de courbure de la lame qu'on aura en main.

Avec des sabres très lourds, dont le centre de gravité est rapproché de la pointe, on sera forcé, pour donner du ballant à la lame, de frapper en tenant le bras courbé. Ces armes sont bonnes pour le combat à cheval et pour porter les coups dits : d' « escadron ».

186. Tierce haute.   187. Pare.

102. La tierce haute.

Il y a quatre manières différentes de donner le coup de tierce haute (*fig.* 186) :

1° Étant en garde en tierce, retirer la lame en arrière, en

lui faisant raser le dessus de l'oreille gauche, le tranchant en dessus, d'un mouvement circulaire que, tout en se couvrant, on continuera pour appliquer, suivant *d-a*, le coup sur la tête de l'adversaire;

2° Remplacer le mouvement circulaire par deux autres en ligne droite, le premier pour amener le sabre vers l'oreille gauche. le second pour frapper couvert;

3° A la suite d'une parade en quarte, décrire en arrière, avec la pointe et le dos de la lame. une courbe qui lui fait d'abord contourner l'oreille droite; continuer en détachant, extérieurement à la lame de l'adversaire, la tierce à laquelle le sabre courbe donne une extrême violence. Le premier mouvement trompe souvent comme une feinte;

4° Avec un sabre demi-courbe, pas trop lourd, après une parade de quarte, surtout si l'adversaire a porté le coup en se couvrant mal, on peut, sans engagement nouveau, asséner le coup en ligne droite, comme avec la lame droite. C'est une application de ce qui a été dit au paragraphe précédent.

Le gaucher retire sa main au-dessus de l'oreille droite. Après une parade de seconde ou de tierce basse, il a toute facilité pour riposter en ligne droite, suivant *e-a* en dedans.

103. La quarte haute et la quarte horizontale.

Étant en garde, on amène circulairement la pointe du sabre en arrière de son oreille gauche, le tranchant en dessus. pour se dégager de la lame de l'adversaire en garde en tierce. et détacher le coup suivant *e-a* ou *g-a* (*fig.* 189).

Le gaucher tournant le tranchant moitié en dessus, moitié en avant, en quittant la garde pointe haute, retire la lame moitié à plat vers son oreille gauche, et bat sa quarte haute. suivant un angle couvert, en dehors de l'arme de son adversaire, dans la direction *e-a* ou *g-a* (*fig.* 185).

Pour un gaucher, le coup de quarte horizontale s'emploie surtout comme riposte après les parades de quarte basse ou de tierce basse, parce que celles-ci lui permettent de prendre un élan qui rend le coup très vigoureux.

188. Pare.   189. Quarte haute.

Après une parade de tierce basse ou de seconde, surtout si les coups ont été portés découverts, et le poing trop bas, le gaucher peut riposter par une quarte haute directe, sans engagement préalable, comme dans droitier contre droitier, après les parades de quarte ou de quarte basse.

104. La seconde et la tierce basse.

Les deux coups de seconde et tierce basse doivent être engagés de haut en bas, suivant une courbe, et ensuite portés très

190 Seconde. 191 Pare

énergiquement de bas en haut, dans les directions *c-a* ou *f-a*, et bien couverts (*fig*. 190). Cette courbe, qui permet de tourner le tranchant dans la direction voulue pendant que la lame passe à gauche de notre tête, rend les deux coups en question très faciles à exécuter, à la condition que l'engagement primitif ait été correctement pris.

105. La prime ou coup de tête, la quarte en croix et la tierce en croix.

La prime (*fig.* 193), ou coup de tête, comme la quarte haute, sera lancée suivant une courbe partant de l'oreille gauche et

192. Pare en tierce.　　　　　　　　　　　193 Prime.

amenée dans la direction *b-a*. Le gaucher aura d'abord décrit une légère courbe de gauche à droite. Comme la prime est un coup très fort, elle peut, quand on est en garde, être détachée sans préparation par le gaucher aussi bien que par le droitier. Les trois coups hauts : prime, tierce et quarte, sont donnés indifféremment en dedans ou en dehors du sabre de l'adversaire. La quarte haute en dehors se nomme quarte en croix, et la tierce haute en dedans, tierce en croix. On se reportera aux figures 124. 139. 152.

106. La quarte basse.

La quarte basse est donnée par un droitier partant de la garde en tierce, comme par un gaucher partant de la garde en quarte.

194. Pare.   195. Quarte basse.

parce que, de sa nature, le coup exige un arc de cercle (*fig.* 195). C'est-à-dire que, en faisant vibrer la lame, on amène le poing en position de quarte basse derrière l'oreille droite, et on bat vigoureusement le coup à la tête de l'adversaire, suivant un angle couvert, dans la direction h–a.

LES PARADES

107. Observations générales.

On se reportera, avant d'étudier les parades, aux principes de l'engagement, aux couvertures et variations, traités dans les

196-197 Contre tierce basse, fait glisser la taille en seconde, pointe abattue.

paragraphes, de 26 à 36 inclusivement, qui s'adaptent également à l'escrime pointe haute. Celle-ci emploie en outre un procédé que Roux et Schulze appellent parade en glacé (Glaceparade), en glissement. Il consiste à recevoir le coup obliquement sur la lame, de façon à le faire glisser, couler (ablaufen lassen), jusqu'à la monture, près du talon. On peut d'ailleurs appliquer ce procédé avec la pointe abattue (*fig.* 196).

108. Parade de la tierce haute et de la tierce en croix.

On s'oppose fortement au coup, en portant le poing à droite et en l'élevant (Voir *fig.* 186 et 187. § 102). Le sabre fera un

198. Pare en quarte.   199. Prime.

angle de 35° avec la verticale ; en prenant cette position on dérobera à l'adversaire le faible de la lame, en la rapprochant de la tête par le redressement l'articulation de la main. Pendant que l'on résiste du fort, la pointe doit être tournée à gauche, car, si elle déviait à droite, le coup pourrait passer en dedans et devenir ainsi une tierce en croix, ou tierce en dedans, et nous tomber sur la tête. La tierce en croix pouvant aussi être portée à la suite de feintes, on la parera comme la prime, au moyen de la parade de quarte haute oblique (*fig.* 198).

Dans le combat du gaucher contre le droitier, on pare la tierce haute comme, dans droitier contre droitier, la quarte

200. Tierce haute du gaucher. 201. Pare.

haute en mouvement de quarte, et la tierce en croix en mouvement de tierce (*fig.* 201).

109. Parade de la quarte haute et de la quarte en croix.

On quitte la garde en tierce dans laquelle les jointures sont en haut et à droite : on tourne la main dans la position de quarte, de telle façon que les doigts soient en face du visage et, en éle-

202. Pare en tierce. 203. Quarte en croix.

vant légèrement la main gauche, on oppose le plein-fort et le tranchant du sabre, fortement et à gauche, au coup de quarte (Voir *fig.* 188 et 189, § 103). La lame fera un angle de 25° avec la verticale. En cavant légèrement le poignet, on rapprochera le sabre de la tête. un peu plus que dans la tierce, en en dérobant le faible à l'adversaire. C'est pour éviter le danger indiqué précédemment, de la « fausse parade de tierce », et pour ne pas risquer de recevoir une quarte en croix. Mais cette quarte en croix pouvant aussi être appliquée, dans le cas de découverts résultant du relâchement dans la garde en tierce, on la parerait en portant la main plus haut que pour la tierce haute, comme

204. Quarte haute du gaucher.   205. Pare.

on le fait pour la prime, en dirigeant la pointe de manière à obtenir un angle plus ouvert (*fig.* 202).

Il arrive aussi que la quarte en croix soit donnée en dehors de la lame de l'adversaire, après le développement d'une feinte.

Dans gaucher contre droitier (*fig.* 205), on pare la quarte haute comme la tierce haute. dans droitier contre droitier, en mouvement de tierce. Quant à la quarte en croix, attendu qu'elle est donnée en dedans et qu'elle arrive comme la prime du droitier. on la pare au moyen d'une quarte basse oblique (Voir *fig*. 208 et 209. § 110).

206. Seconde.   207. Pare.

110. Parade de la seconde.

Le poing sera baissé à gauche en demi-quarte. demi-tierce. Dans cette position, le pouce est verticalement au-dessus du petit doigt (*fig*. 207); la paume de la main est tournée vers l'adversaire. La pointe de la lame incline à droite, de manière à être d'un travers de main plus haut que le poing, et à permettre de choquer ainsi le fort et le tranchant de la lame contre le sabre de l'adversaire. En même temps, le faible de notre lame lui sera dérobé de façon à être ramené du côté de notre droite pendant la parade.

208. Tierce basse du gaucher.   209 Pare

La seconde du gaucher sera parée comme la quarte basse d'un droitier, pointe haute et main basse (*fig.* 209).

111. Parade de la prime.

On pare la prime de deux façons (*fig.* 210). Si elle est courte, on la pare comme la tierce haute, en ayant soin, toutefois, de porter la pointe un peu plus vers sa gauche, pour que la prime ne puisse esquiver la parade, en passant par-dessus la pointe, et retomber en dedans pour nous toucher.

210. Pare en tierce. 211. Prime.

Si le mouvement de la prime a eu de l'ampleur, on la pare comme la quarte haute, tout en inclinant davantage la pointe à droite, de façon à faire faire à celle-ci, au-dessus de notre tête, un angle ouvert avec la verticale. C'est la parade de quarte en opposition oblique, qui sert aussi pour la tierce en croix (Voir *fig.* 198 et 199, § 108), et qui est utilisée très avantageusement par les seconds pour couvrir leurs clients, en se jetant entre eux, pour « faire l'irruption » (einspringen).

L'INSTRUCTION.

Le gaucher procède d'une manière analogue. mais avec cette différence, qu'il pare en quarte les coups serrés, et en tierce les coups larges.

212. Pare.   213. Quarte basse.

112. Parade de la quarte basse.

Le poing étant dans la position de tierce (*fig.* 212) à la hauteur de l'épaule droite, on le baisse verticalement, le bras tendu d'une palme et demie environ, puis, avec le poignet. on tourne le tranchant de la lame en dedans. assez pour qu'il soit encore à moitié dirigé vers l'adversaire. Cette position du poing est appelée demi-quarte. Puis, en liaison, on oppose le fort de la lame à la lame de l'adversaire, qui se présente en quarte basse, et on lui dérobe le faible en l'attirant à sa propre gauche.

La quarte basse du gaucher se pare en demi-quarte, demi-tierce, comme la tierce basse du droitier (*fig.* 215).

214. Quarte basse du gaucher.   215. Pare.

113. Parade de la tierce basse.

La parade de tierce basse diffère peu de la parade de seconde (*fig.* 217). Par un mouvement du poignet, on fait passer le fort et le tranchant de la lame de la garde de tierce à la position demi-quarte, demi-tierce, en opposition à peu près perpendiculaire, de manière que la pointe soit d'un empan plus haut que la main, et en dérobant à l'adversaire le faible, que l'on rejette à droite.

216. Tierce basse.   217. Paré.

La tierce basse du gaucher sera parée comme la quarte basse du droitier (Voir *fig.* 208 et 209, § 110), en demi-quarte.

114. Parades de la tierce et de la quarte horizontales.

Le poing sera plus bas que dans les parades de tierce haute et de quarte haute, et la lame sera presque verticale.

Il en sera de même dans le combat de gaucher contre droitier.

Pour bien s'exercer aux parades, on les exécutera d'abord sur coups annoncés, et ensuite sur coups imprévus.

LES FEINTES

115. Usage des feintes.

L'usage des feintes a déjà été expliqué au paragraphe 43 : quelquefois elles servent à préparer. pour la raccourcir, l'exécution de certains coups.

116 Feintes simples, doubles, et leurs parades.

On se fortifiera considérablement le poignet en les exécutant à la salle d'armes avec des sabres montés comme ceux que représentent les figures.

Comme le coup du sabre courbe, pour avoir quelque puissance. devrait être conduit en cercle, on s'arrange de façon à partir du coup opposé, c'est-à-dire d'une feinte en seconde pour frapper en prime, d'une en tierce haute pour frapper en quarte basse, etc., et réciproquement. S'il s'agit de doubles feintes, ce sera prime, seconde, quarte haute. ou tierce basse. quarte haute. quarte haute, etc. Je donnerai deux exemples :

1º On menace tierce basse ; si l'adversaire va à la parade pointe haute, on passe rapidement par-dessus sa pointe, on coupe, et l'on porte tierce en croix en dedans. Cette tierce devra être parée par une quarte oblique (Voir § 108), et non par une tierce qui risquerait d'arriver trop tard ;

2º On montre quarte basse : si l'adversaire va à la parade

haute en demi-quarte, on passe dessus et on applique une quarte en croix en dehors. Celle-ci sera parée par une tierce. C'est aussi de cette manière que s'exécutent, après de doubles feintes, les deux coups en croix; ils comptent parmi les plus désagréables à recevoir et réussissent souvent.

Dans gaucher contre droitier, on montre tierce basse et on bat tierce en croix, qui se pare avec la tierce. De même on montre quarte basse et, si l'adversaire donne demi-seconde, demi-tierce, on bat quarte en croix, qui se pare avec la quarte oblique.

Contre les feintes, on emploie les parades ordinaires, applicables aux coups simples. Généralement un coup est annulé par son similaire. On emploie aussi les coups de temps qui troublent et paralysent les feintes. Enfin, contre certaines feintes hautes, très serrées, on peut « caver » comme dans la « pointe »; mais Roux considère cela comme moins pratique que les procédés précédemment indiqués. D'ailleurs, aux parades de feintes, on préférera encore les coups suggérés par un œil exercé qui devine les intentions de l'adversaire aux mouvements de son poignet.

117. Les feintes en cercle.

Tout ce qui a été dit, § 46, s'applique à elles, tant pour exercer le coup d'œil que pour fortifier le poignet.

LES RIPOSTES

118. Exercices de ripostes.

Comme tout ce qui a été dit précédemment sur le coup initial et la riposte, aux §§ 47 et suivants, trouve son application ici, il est inutile de le répéter, et il suffira de donner les séries des deux exemples ci-après : le maître, un droitier, M D, exercera d'abord le droitier, D. puis le gaucher, G. Il portera le coup initial et l'élève ripostera.

Premier exemple :

Droitier contre droitier.

M D, Premiers coups, initiaux.	D, Deuxièmes coups, ripostes.
1. Tierce haute :	Quarte haute.
2. Quarte haute :	Tierce haute, retirée en arrière.
3. Seconde ;	Tierce basse.
4. Quarte basse :	Quarte horizontale.
5. Quarte en croix :	Quarte basse.
6. Quarte basse :	Tierce basse.
7. Prime :	Quarte en croix.
8. Quarte basse ;	Tierce haute, retirée en arrière.

Deuxième exemple :

Droitier contre gaucher.

M D, Premiers coups, initiaux.	G, Deuxièmes coups, ripostes.
1. Tierce haute :	Tierce haute.
2. Quarte haute :	Quarte haute.
3. Tierce basse ;	Tierce basse.
4. Quarte basse ;	Quarte basse.
5. Tierce haute :	Seconde.
6. Seconde ;	Tierce haute, retirée en arrière.
7. Prime ;	Tierce basse.
8. Tierce basse ;	Quarte haute.

Les exercices qui précèdent seront répétés en intervertissant les rôles.

119. Parade des ripostes.

La parade des ripostes avec les lames tant droites que courbes. s'exécute autrement dans la garde pointe haute que dans la garde pointe abattue. Tandis que dans cette dernière. après chaque attaque. on revient en garde en contournant avec le dos de la lame la monture de l'adversaire. et qu'on reprend ainsi sans cesse la garde initiale, on ne peut revenir directement à la garde pointe haute. Supposons, en effet, que nous ayons attaqué notre adversaire en quarte et que. sans attendre sa riposte, nous voulions reprendre la garde en tierce, il ne manquera pas de nous toucher aussitôt par une riposte en quarte courte. En conséquence, on considère chaque coup initial comme un premier contact de lame à partir duquel on attend le mouvement du poing d'où sortira le coup de l'adversaire auquel on opposera alors la parade convenable.

Pour préparer un élève à la parade des ripostes. on commence par le faire attaquer toujours du côté duquel il est engagé.

1° Avec un droitier, l'attaque se fait en dehors par une prime courte, quarte en croix, tierce haute, tierce basse ou seconde; on bat ces coups, en les annonçant d'abord, puis sans les annoncer. jusqu'à ce qu'ils soient parés avec une certaine sûreté. ensuite on ripostera en dedans de l'élève.

Le gaucher attaque en prime, tierce haute. tierce basse et seconde, et pare en donnant quarte en croix, prime, tierce haute, tierce basse, seconde.

Ultérieurement, on fait suivre d'autres coups et de feintes simples ou doubles.

2° Le droitier avec lequel on est engagé en tierce, en dehors, nous attaquera en dedans, avec une des trois quartes, et parera ensuite au moyen d'une courte riposte en prime en dedans ou de l'une des trois quartes.

Le gaucher attaque par tierce haute, tierce basse ou seconde, et donne en parade prime courte ou l'une des trois quartes.

120. Échapper la parade.

Dans son livre sur le duel, mon père, dit Roux, décrit le mouvement de la manière suivante (*fig.* 218 et 219) :

« Avec les gens qui attaquent avec furie, par des coups d' « escadron », c'est-à-dire à l'ancienne mode, à découvert, le bras plié, on peut se donner l'agréable plaisir « d'échapper la parade ». Cet échappement, aux mains d'un tireur exercé, est très pratique et réjouit beaucoup les spectateurs. Seulement, avant de l'exécuter, il faut avoir tâté son adversaire. Par exemple, celui-ci lance avec force, en pliant le bras, une quarte haute: la première fois on pare tranquillement avec une quarte ; mais à la première occasion, on retire brusquement le bras et le poing en parade de quarte; on appuie solidement le bras et le coude sur le côté droit de la poitrine; on tient ferme le sabre pour se protéger le visage en arrière de la lame, et on se penche légèrement en arrière, tandis que l'adversaire frappe devant lui, c'est-à-dire, manque son coup. Quand même il ferait subitement, contre toute attente, un bond qui le porterait dans la courte mesure, il n'en résulterait aucun mal, puisque l'on serait encore en défense; il n'aurait pas frappé dans le vide, voilà tout. Mais si l'échappement réussit, la lame de l'adversaire souffle lourdement devant notre visage et, en s'abattant, désobéit à la main qui la tient et va souvent toucher terre; on en profite pour administrer rapidement sur la tête de son maître une solide tierce haute. Si on lui a donné plusieurs fois cette leçon, il devient plus prudent, se calme, et on a l'agrément de ne plus aller chercher ses coups, pour les parer, à des distances incommodes et inusitées. L'échappement s'exécute le mieux contre une quarte ou une tierce haute. On peut l'employer aussi devant une quarte ou une tierce basse. mais alors il faut très adroitement et fortement se dérober. c'est-à-dire retirer en arrière le bas du corps ».

218. Quarte donnée le bras plié. 　　　219. Dérobé en quarte.

Les coups singuliers ou seulement élégants tendent à disparaître de l'escrime. Un vieux maître d'armes, qui avait tiré régulièrement avec un amateur célèbre, le général Marey-Monge, me contait l'un des coups favoris de ce dernier. Sur un dégagement en dedans, par exemple. le général parait ou opposait simplement l'épée, sans riposter. et au moment où l'adversaire se relevait, lui-même, en s'effaçant beaucoup, assemblait en avant, écartait du dos de sa main gauche (ou droite, s'il tirait à gauche) l'épée de son adversaire, et touchait en même temps celui-ci par un coup de prime. Une manœuvre analogue est décrite dans la plupart des livres d'escrime du XVIIIe siècle.

Dans son traité du duel, F.-A.-W.-L. Roux donne un coup de désarmement consistant à saisir le poignet de l'adversaire, à se retourner brusquement et à exercer une pesée qui, d'après les adeptes de l' « adresse française », fait passer par-dessus l'épaule. On trouve une foule de coups de désarmement et de surprise dans les traités de Girard, d'Angelo, etc., avec des gravures très bien faites. L'esprit de notre vieille école nationale a évidemment eu une influence sur l'école allemande, et c'est pour cela que j'y ai fait allusion.

LES DEMI ET LES DOUBLES COUPS

121. Emploi des demi-coups ou coups d'amorce pour ouvrir la phrase.

Comme on peut se reporter au § 67, il suffira de donner les deux séries suivantes d'exercices, où l'élève, d'abord droitier, D. puis gaucher, G. porte le premier coup, demi, et le troisième, entier, et où le maître droitier, M D, porte le deuxième, demi.

PREMIÈRE SÉRIE : M D, D.

D, Premiers coups, demis.	M D, Deuxièmes coups, demis.	D, Troisièmes coups, entiers.
1. Tierce haute ;	Quarte haute ;	Tierce haute.
2. Quarte haute ;	Tierce haute ;	Quarte haute.
3. Seconde ;	Prime ;	Quarte horizontale.

D, Premiers coups.	M D, Deuxièmes coups.	D, Troisièmes coups.
4. Prime;	Quarte haute :	Seconde.
5. Quarte basse;	Tierce basse :	Tierce haute.
6. Tierce haute;	Quarte basse;	Quarte basse.
7. Tierce haute :	Quarte basse :	Tierce haute retirée.
8. Tierce basse :	Quarte haute :	Quarte haute.
9. Prime;	Tierce basse :	Quarte en croix.
10. Quarte haute;	Quarte haute :	Quarte haute.
11. Prime;	Quarte haute :	Tierce basse.
12. Prime;	Quarte en croix :	Quarte en croix.
13. Quarte haute :	Tierce haute :	Quarte en croix.
14. Quarte haute :	Tierce haute :	Quarte basse.

Etc.

Deuxième série : M D. G.

D, Premiers coups, demis.	M D, Deuxièmes coups, demis.	G, Troisièmes coups, entiers.
1. Tierce haute;	Tierce haute;	Tierce haute.
2. Quarte haute;	Quarte haute :	Quarte haute.
3. Tierce haute :	Quarte haute :	Quarte basse.
4. Prime :	Tierce basse :	Quarte haute.
5. Prime :	Tierce haute :	Tierce basse.
6. Tierce basse :	Quarte haute :	Quarte en croix.
7. Tierce haute;	Seconde :	Quarte basse.
8. Tierce basse :	Seconde :	Prime.
9. Tierce haute;	Quarte haute :	Tierce haute.
10. Quarte haute;	Quarte basse :	Quarte basse.
11. Prime;	Tierce basse;	Quarte horizontale.
12. Tierce haute :	Tierce basse :	Tierce haute.

Etc.

Les exercices qui précèdent seront répétés en intervertissant les rôles.

122. Emploi des doubles coups. Exemples.

Les doubles coups servent, comme on l'a vu au § 69, à prévenir les coups de temps. Autant leur action a de valeur lorsqu'on les porte avec une lame droite et légère, autant elle est médiocre lorsqu'on les porte avec une lame courbe. Leur exécution a principalement pour but d'assouplir et de délier le poignet. On sait qu'il faut se couvrir très serré contre le deuxième mouvement du double coup : mais comme un coup de sabre courbe, pour avoir quelque puissance, doit d'abord vibrer circulairement, on conjugue, autant que possible, des coups opposés, afin que le second ait de l'espace pour prendre élan : seconde, prime ; tierce haute, quarte basse ; etc. Les doubles coups courts, tels que : quarte haute, quarte haute ; tierce haute, tierce haute, ne peuvent réussir qu'avec des lames de poids raisonnable.

On emploie contre les doubles coups les parades ordinaires.

Voici quelques exemples au moyen desquels on pourra s'exercer :

Série

pour droitier et pour gaucher.

1. Seconde,   prime.
2. Prime,   seconde.
3. Tierce haute,   quarte basse.
4. Tierce basse,   quarte haute.
5. Prime,   tierce basse.
6. Tierce basse,   tierce haute.
7. Prime,   quarte haute.
8. Tierce basse,   prime.

LES COUPS DE TEMPS ET LES BALAFRES.

123. Contre-temps et temps du pied.

On distingue les coups de sabre pendant le temps, dans le temps et à contre-temps, comme dans l'escrime pointe abattue, et il n'est pas utile de reproduire les explications qui ont été données au § 72. On ajoutera, toutefois, les notions suivantes :

Les coups à contre-temps n'agissent pas de la même manière avec les lames courbes qu'avec les lames droites qui ont plus de fouettement. Aussi, avec les lames courbes, on ne prend des contre-temps avec succès que sur les découverts. On les remplace avec avantage par les tailles ou coups en balafre (Schnitte), particulièrement les tailles à contre-temps.

On met d'abord l'élève aux variations (Voir *fig.* 220 et 221) ou transformations décrites § 29, puis on l'exerce à se défendre des coups dans le temps, au moyen de phrases de trois coups dans lesquelles il porte le premier et le dernier. Celui-ci sera un coup entier avec fente. La première fois, il sera paré par le maître qui, à la répétition, donnera un coup dans le temps et forcera l'élève à prendre une variation sur son coup, et au même moment, à échapper en arrière le pied qui est en avant. C'est ce que l'on nomme : temps du pied.

124. Exercices sur les coups de temps.

Pour mieux faire comprendre ce qui précède, voici deux séries d'exercices, dans lesquels le maître droitier fait exécuter les coups successivement à un droitier et à un gaucher.

Le maître, M D, donne le deuxième coup, demi, et le quatrième dans le temps du troisième ; l'élève droitier. D. donne le premier coup, demi. le troisième coup, entier, et exécute une variation sur le quatrième coup ; l'élève gaucher. G. comme le droitier.

Première série.

Droitier contre droitier.

I. 1. D. demi-quarte haute. — 2. MD. demi-prime. — 3. D. tierce haute. — 4. MD, quarte horizontale dans le temps du troisième coup. — 5. D. variation vers la gauche, plus bas.

II. 1. D. demi-quarte haute. — 2. MD. demi-prime. — 3. D, tierce haute. — 4. MD, tierce basse dans le temps. — 5. D, variation vers la droite, plus bas.

III. 1. D. demi-tierce haute. — 2. MD. demi-tierce haute. — 3. D, quarte haute. — 4. MD. quarte basse dans le temps. — 5. D. variation vers la gauche, plus bas.

IV. 1. D. demi-tierce haute. — 2. MD. demi-tierce haute. — 3. D, quarte haute. — 4. MD. tierce basse dans le temps. — 5. D. variation en retombant, pendant le temps du pied, en parade de tierce basse.

V. 1. D. demi-tierce haute. — 2. MD, demi-quarte haute. — 3. D. tierce basse. — 4. MD. quarte basse dans le temps. — 5. D, transforme son mouvement et retombe, en haute seconde, dans la parade pointe abattue de quarte basse.

VI. 1. D. demi-tierce haute. — 2. MD, demi-quarte haute. — 3. D, tierce basse. — 4. MD, tierce basse dans le temps. — 5. D, variation et retombe, pendant le temps du pied, en parade pointe abattue de tierce basse.

VII. 1. D. demi-tierce haute. — 2. MD, demi-tierce haute.

— 3. D, quarte basse. — 4. MD, quarte basse dans le temps. — 5. D, variation pendant le temps de quarte basse; il prend le temps du pied, déplace son poing et la pointe de sa lame vers sa gauche, les baissant de deux empans et retombe, tandis que l'intérieur de sa main reste en dessus, en parade de quarte pointe abattue (*fig.* 220 et 221).

220. Variation en parade de quarte, pointe abattue.

221. Quarte basse pendant le temps d'une quarte basse.

VIII. 1. D. demi-tierce haute. — 2. MD, demi-tierce haute. — 3. D. quarte basse. — 4. MD, seconde dans le temps. — 5. D, variation et retombe, pendant le temps du pied, en parade de seconde pointe haute.

Deuxième série.

Gaucher contre droitier.

I.   1. G, demi-tierce haute. — 2. MD. demi-tierce haute. — 3. G. tierce haute. — 4. MD, tierce basse dans le temps. — 5. G. variation vers la droite, plus bas.

II. 1. G. demi-tierce haute. — 2. MD, demi-tierce haute. — 3. G. tierce haute. — 4. MD, quarte basse dans le temps. — 5. G, variation vers la gauche, plus bas.

III. 1. G, demi-tierce haute. — 2. MD, demi-quarte haute. — 3. G, quarte haute. — 4. MD, quarte basse dans le temps. — 5. G, exécute une variation et retombe, pendant le temps du pied. en parade haute de quarte basse.

IV. 1. G, demi-tierce haute. — 2. MD, demi-quarte haute. — 3. G, quarte haute. — 4. MD, tierce basse ou seconde dans le temps. — 5. G, variation vers la droite. plus bas.

V.   1. G, demi-quarte haute. — 2. MD, demi-tierce haute. — 3. G. tierce basse. — 4. MD. tierce basse dans le temps. — 5. G, variation et retombe en haute seconde pointe abattue pour la parade de tierce basse pointe abattue.

VI. 1. G, demi-quarte haute. — 2. MD, demi-tierce haute. — 3. G, tierce basse. — 4. MD, quarte basse dans le temps. — 5. G, variation et retombe en seconde. pendant le temps du pied, pour la parade de quarte basse. pointe abattue.

VII. 1. G, demi-tierce basse. — 2. MD, demi-quarte haute. — 3. G. quarte basse. — 4. MD, tierce basse ou seconde dans le temps. — 5. G, variation pendant le temps de quarte basse ; il prend le temps du pied, déplace le poing et la pointe de la lame vers sa droite, en les baissant de deux empans, et, tout en conservant la paume de la main en dessus, retombe le poing haut et la pointe basse, en parade de quarte pointe abattue.

VIII.   1. G, demi-tierce basse. — 2. M D, demi-quarte haute. — 3. G, quarte basse. — 4. M D, quarte basse dans le temps. — 5. G. exécute une variation et retombe pendant le temps du pied en parade haute de quarte basse.

125. Les tailles ou balafres.

On a déjà vu, à propos de la construction des lames, que la seule qui se prête bien aux coups de taille est la lame réellement courbe avec 7 centimètres de flèche. Roux tire du livre de son père sur le duel la description d'un certain nombre de coups de tailles de sabre (Schnitte).

Les mots allemands Hau, Hieb, signifient coup de tranchant sur la tête. Le sens du mot Schnitt est, coup de tranchant, taille produisant une balafre. Les figures indiquent, qu'en garde pointe haute et avec des armes courbes, la taille est appliquée autrement qu'avec la rapière droite en garde pointe abattue.

126. Tailles par l'attaque en tierce ou en quarte, étant en garde pointe haute.

Droitier contre droitier et gaucher contre droitier.

Alignons-nous avec un droitier, l'engagement étant en dehors, en tierce haute : supposons qu'il avance trop le faible de sa lame et qu'il nous menace ainsi de sa pointe, cela nous permet de saisir, sans aucun engagement, le demi-faible de sa lame avec le plein-fort de la nôtre, et de lui infliger sur-le-champ une taille sur le côté gauche du visage (*fig.* 222 et 223). On pare ce coup en retirant la main en arrière, en pliant le poignet et en l'élevant comme pour la parade de tierce, en même temps que l'adversaire applique le coup, de sorte que l'on revient à la

222. Taille en quarte contre tierce basse.   223. Touché.

position que l'on aurait dû avoir et que la taille arrive sur le fort de notre lame pour s'arrêter à la monture. Il est très important de s'exercer à cette parade.

La taille est analogue en face d'un gaucher et de la part d'un gaucher (*fig.* 224 et 225).

127. Tailles tenant lieu de ripostes après des parades hautes.

Droitier contre droitier et gaucher contre droitier.

1° Si, étant en garde, notre adversaire a attaqué par une taille et si nous l'avons parée en la faisant couler en tierce ou en quarte pointe haute, nous pouvons, gaucher ou droitier,

224. Gaucher touché.   225. Taille en quarte contre tierce basse.

à l'instant où la force du coup de l'adversaire sera amortie, nous fendre et répliquer par une taille en tierce haute ou prime.

2° Si l'adversaire attaque en quarte haute, horizontale ou basse, on parera le coup d'une main ferme, avec le milieu du dos de la lame ; on se fendra presque en même temps et on taillera dans la direction du visage de l'adversaire, en quarte haute ou tierce haute, un coup vigoureux. du plein-fort de la lame sur le demi-faible de la sienne, la pointe dirigée un peu en avant. Si on voulait d'abord parer le coup avec le tranchant. on arriverait trop tard à la riposte.

On ne peut parer ces tailles (*fig.* 226 et 227) que par des oppositions de quarte élevées et obliques. en faisant couler.

226-227. Contre quarte basse, faire couler la taille en quarte.

Les sabres de duel ont à l'extrémité du panier. au bout de la platine, contre la boucle de devant, en guise d'ornement. un crochet tourné en l'air, un quillon. Dans l'espace compris entre ce quillon et le dos de la lame à son plein-fort, on peut saisir le demi-faible de la lame de l'adversaire et s'en emparer si fortement. qu'il n'est pas toujours maître de se dégager et qu'il reste notre prisonnier jusqu'après la taille. Celui qui a ce tour de main, peut généralement compter sur le succès.

3° Si l'adversaire donne une tierce haute, on pare tierce haute et on taille rapidement tierce ou quarte haute. S'il nous aborde plus souvent par une feinte : quarte haute, tierce haute. le premier de ces mouvements devra être suivi d'une taille vigoureu-

228-229. Contre tierce basse, fait glisser la taille en seconde, pointe abattue.

sement ripostée en quarte : on peut aussi parer avec le dos de la lame la tierce haute. suivant la feinte, et riposter aussitôt pendant le temps par une taille au visage de l'adversaire, en quarte haute. le poing bas. Ces deux coups ne peuvent être parés qu'en faisant couler (*fig.* 228 et 229).

128. Tailles à contre-temps contre tous les coups de l'adversaire.

Voici ce que dit mon père à ce sujet (*fig.* 230 et 231, 232 et 233) : « Celui qui ne peut tirer sans se découvrir, n'apprendra jamais à faire des tailles à contre-temps, car elles résultent de coups couverts, particulièrement dans les contre-temps, et

230. Taille en quarte contre quarte basse.   231. Touche.

de parades correctes. On doit être très familiarisé avec le temps, sans quoi on arrive trop tôt ou trop tard à la taille, et on manque son but. Mais on n'est pas pour cela en danger d'être touché par l'adversaire; car cela revient à avoir frappé à contre-temps couvert et à ne pas avoir touché, parce que l'adversaire aura porté son coup correctement. Supposons que l'adversaire porte une quarte haute, on va au-devant par une demi-parade de quarte haute et, au moment où il a, pas entièrement cependant, achevé son coup, on taille vigoureusement quarte haute ou tierce haute à contre-temps sur le faible de sa lame, c'est-à-dire au moment où le faible de sa lame va toucher le fort de la nôtre. Si le sabre de notre adversaire a la courbure convenable, notre coup agit sur son faible comme sur le rayon

232. Taille en quarte du gaucher contre quarte basse.

233 Touché.

ou la manivelle d'une roue qui se met aussitôt à tourner. Cela tord le poignet de l'adversaire, le faible de sa lame s'infléchit, car le levier agit fortement et la taille touche ».

« L'adversaire est d'abord atteint au visage et, comme on pèse fortement sur sa lame, on peut, en se penchant en avant, entamer une seconde fois le visage au retour ».

« Les tailles à contre-temps se donnent suivant les mêmes règles et au moyen des mêmes mouvements avec le sabre courbe et avec le sabre droit ».

« Pour les tailles à contre-temps, on ne se fend pas comme lorsqu'il s'agit de coups à contre-temps. En effet, c'est contre les coups portés à fond que les tailles agissent le mieux : or, pour les porter, l'adversaire s'approche suffisamment de nous, ce qui est très agréable et facilite beaucoup l'étude des différentes tailles. »

Toutes ces tailles se parent, ou bien on les laisse couler, comme celles sur une attaque ou appliquées en riposte.

Roux donne les figures de deux tailles : une de droitier et une de gaucher, sans fournir de description qui s'y rapporte : mais comme il peut y avoir une grande variété de balafres, j'ai placé ces figures, 230 à 233, en regard de la citation tirée du livre de F.-A.-W.-L. Roux.

L'ASSAUT

129. Rappel des principes. Deux leçons pour l'assaut.

On ne saurait que répéter ici ce qui a été dit § 82. Rien ne rend l'assaut plus intéressant que de varier les coups, et rien ne les diversifie davantage que l'emploi des feintes. Avant tout, il faut tracer une marche dont on suit, chacun à son tour, les différentes étapes. L'assaut en garde pointe haute contient les éléments les plus variés.

Dans les modèles qui suivent, on trouvera des phrases de trois coups. On les exécutera de telle sorte que le troisième coup soit le premier porté à toucher. En répétant la phrase, on le remplacera par une feinte double ou simple, puis on ajoutera d'autres coups; on en fera qui ne seront pas annoncés, et, quand on aura un sabre courbe, on finira par s'exercer aux tailles.

Leçon pour l'assaut.

Droitier contre droitier, D D'.

1. D, tierce haute. — D', quarte haute. — D, tierce haute, ou : D, tierce haute, tierce haute, ou : D, tierce haute, quarte haute, tierce haute.
2. D, quarte haute. — D', tierce haute. — D, quarte haute, ou : D, quarte haute, tierce haute, ou : D, quarte haute, tierce haute, quarte haute.

3. D, seconde. — D', prime. — D, quarte horizontale, ou : D, quarte horizontale, quarte en croix. ou : D. quarte horizontale. tierce haute. quarte basse.
4. D. prime. — D', quarte haute. — D, seconde, ou : D. seconde, prime, ou : D, seconde, prime, tierce haute.
5. D, quarte basse. — D', tierce basse. — D. tierce haute, ou : D, tierce haute. tierce basse. ou : D. tierce haute, tierce basse. quarte haute.
6. D. tierce haute. — D'. quarte basse. — D, quarte basse, ou : D, quarte basse. quarte en croix. ou : D. quarte basse. quarte en croix, quarte haute.
7. D. prime. — D'. tierce basse. — D. quarte en croix, ou : D. quarte en croix, tierce basse. ou : D. quarte en croix. quarte haute. tierce haute (coupée en retirant), ou : D. quarte en croix. quarte basse, quarte en croix.
8. D. tierce basse. — D, tierce basse. — D, quarte haute, ou : D. quarte haute, prime. ou : D. quarte haute, prime, quarte basse.

Etc.

Leçon pour l'assaut.

Gaucher contre droitier, G, D.

1. G. tierce haute. — D, tierce haute. — G. tierce haute, ou : G, tierce haute, quarte haute. ou : G. tierce haute, quarte haute. tierce haute.
2. G, quarte haute. — D. quarte haute. — G, quarte haute, ou : G, quarte haute, tierce haute. ou : G. quarte haute. tierce haute, quarte haute.
3. G, tierce haute. — D, quarte haute. — G, quarte basse, ou : G. quarte basse, quarte en croix. ou : quarte basse, tierce haute. quarte haute.

4. G, prime. — D, tierce basse. — G, quarte haute, ou : G. quarte haute, quarte basse, ou : quarte haute, prime, tierce basse.
5. G. prime. — D, tierce haute. — G, tierce basse, ou : G, tierce basse, quarte haute, ou : G, tierce basse, quarte haute, ou : G, tierce basse, quarte haute, tierce haute.
6. G, tierce basse. — D. quarte haute. — G, quarte en croix, ou : G, quarte en croix, tierce haute ou basse, ou : G, quarte en croix, tierce haute, quarte basse.
7. G, tierce basse. — D, seconde. — G, prime, ou : G, prime, seconde, ou : G, prime, seconde, prime.
8. G, prime. — D, tierce basse. — G, quarte horizontale, ou : G, quarte horizontale, prime, ou : G, quarte horizontale, prime, tierce haute ou quarte haute.

Etc.

130. Observations sur l'assaut et le duel.

Je terminerai ce qui concerne l'assaut par le résumé des observations de Schulze, qui se rapportent au duel en même temps qu'à l'assaut.

L'équipement de protection absolument complet est indispensable pour l'assaut.

Il y a des maîtres d'armes qui, entre eux, se permettent l'assaut et même la leçon avec des rapières affilées. Ce passe-temps dangereux doit être formellement interdit.

Pour aborder l'assaut, il faut être bien confirmé dans la pratique des coups et des parades, et procéder très méthodiquement. On risque de s'y gâter la main, si on n'a pris d'abord une cinquantaine de leçons, au moins. Comme on pratique l'assaut pour être en état de soutenir une affaire sérieuse, il convient de s'y servir des armes admises par la coutume et de s'astreindre aux règles qu'elle formule, et de n'employer que les coups qu'elle admet (en cela, Schulze paraît en opposition avec Roux). ne pas pointer, ce qui pourrait amener des accidents en cas de rupture de mesure, etc.

Dès qu'il s'agit de duel, chaque combattant est obligatoirement pourvu d'un second (Sekundant), dont la fonction essentielle consiste à garantir son client des coups défendus par la coutume. Le second a aussi le droit d'arrêter par le commandement de : Halte! et même de conjurer, en sautant entre les combattants, le danger de certains coups.

Suivant les corporations d'étudiants, la coutume diffère aussi bien en ce qui concerne la forme qu'en ce qui concerne le fond. Les différences portent surtout sur le rôle des seconds et le droit d'envoyer le premier coup, ou coup initial.

Dans certaines corporations, à Heidelberg, par exemple, il est de règle, excepté dans les affaires de conscrits (Fuchs-mensuren) que l'on seconde par-dessus le croisement, tandis que dans d'autres, le second prend place à gauche, derrière son client. C'est ce que l'on appelle combattre avec des seconds approchés, usage qui malheureusement se perd.

Avec les seconds approchés, lorsqu'un tireur novice sera placé en face d'un plus fort, son second pourra entrer aisément dans la mesure (durch die Mensur schleppen); il atténuera alors les dangers du duel, dont les résultats eussent été, sans aucun doute aggravés, si les seconds avaient été éloignés, c'est-à-dire s'ils avaient secondé par-dessus la croix.

Entrée dans la mesure, signifie captation des coups de l'adversaire par les seconds; elle exige naturellement, pour être bien faite, des tireurs habiles qui se soient en même temps adonnés à cette branche spéciale de l'escrime.

A Heidelberg, dans les duels et d'après la coutume locale, il y a une garde spéciale et un certain coup initial qui ont passé dans l'usage, tandis qu'ailleurs et dans d'autres corporations, après le commandement de mise en garde, on porte un coup à son choix.

La garde franche (Schulze appelle garde franche celle que Fehn appelle garde en bravoure) doit être considérée comme une provocation à l'adversaire, et aussi comme un témoignage de la loyauté qu'il apportera dans le combat. Elle produit toujours à son début une belle et saisissante impression. Elle se prend en élevant en dessus le tranchant de la lame que l'on hausse, et en portant la pointe à gauche.

De cette garde, on peut passer, au commandement : Allez ! à une quarte haute dans le temps, par les deux tireurs à la fois (Voir *fig.* 130. § 75). Le combat est alors engagé. Le tireur peut cependant transformer cette quarte haute en un double coup, par exemple : quarte haute, quarte basse, lorsque son adversaire ne revient pas assez vivement à la garde ordinaire.

S'il arrive qu'avant le commandement de : Halte ! un tireur laisse un coup sans réplique, cela s'appelle : attendre avec impatience, guetter (lauern), sans doute le commandement de Halte ! On considère que c'est une manifestation indubitable de l'anxiété éprouvée par le tireur et l'on ne souffre pas le renouvellement de cette faiblesse dans une affaire. On doit de même éviter de tordre le haut du corps, de se courber en arrière et de changer les pieds de place. Ces contorsions laissent croire que l'on craint les coups ; elles sont fort laides, elles rendent le coup d'œil moins sûr et enlèvent le calme indispensable.

Le commandement : Halte ! doit suffire pour arrêter instantanément la phrase ou la reprise. Habituellement, c'est un des seconds qui le fait ; cependant, il est permis à l'un des combattants d'en prendre l'initiative, pour un motif légitime qui ne lui permette pas de continuer, tel, par exemple, qu'un accident de l'arme ou même la fatigue.

Les coutumes que résume Schulze, suffisent à établir le caractère du duel d'étudiants. Chez eux, l'escrime est autre chose qu'un exercice physique, c'est une préparation au duel, et le duel est un « sport » qui se pose en héritier des anciens tournois et de leurs traditions de loyauté chevaleresque. Venger sa querelle n'est que l'occasion de s'initier aux caresses de l'acier et de s'aguerrir à ses brutalités. De par Messieurs les étudiants, savoir donner une balafre aux applaudissements de la galerie, est le seul talent capable de conférer tout leur lustre aux diplômes. Des précautions sont prises pour que les affaires ne tournent par mal, et l'État, qui au fond y trouve son compte, ferme les yeux.

Après la théorie, l'exemple. Je traduis, sans y rien retrancher, le récit qu'on va lire.

DUELS D'ÉTUDIANTS

DUELS
D'ÉTUDIANTS

MATINÉE DU *** 1883 A LA HIRSCHGASSE

Par Fr. SCHULZE

> Fais ronfler ta tierce et siffler ta quarte, io !
> Gaiement, envoie balafre et taille,
> Touché ! oublie touche et bataille,
> Et reviens à ton verre, ô frère Studio.

Celui qui a fait une visite à la charmante cité de Heidelberg et à son illustre château, dont les ruines perpétuent le souvenir de l'aveugle rage de destruction apportée de ce côté-ci du Rhin par nos voisins, celui-là connaît, au moins de nom, la Hirschgasse.

Sur la rive droite du Neckar, à cinq cents mètres environ en amont du vieux pont, s'ouvre dans la montagne l'étroite vallée que l'on appelle la route ou la Gorge-au-Cerf. Si l'on s'y engage, on ne tarde pas à rencontrer, à gauche, l'auberge à laquelle la route a donné son nom. Elle est facilement reconnaissable au cerf peint, en grandeur naturelle, au-dessus de la porte.

C'est là que pendant le « semestre », la durée des cours, se rend en pèlerinage, à peu près deux fois la semaine, chaque S. C. (Studenten Corps), association d'étudiants de Heidelberg. C'est là que ceux qui vident leurs querelles sur le terrain, les héros de légères affaires d'honneur, sont sûrs de trouver, depuis un temps immémorial, un abri où personne ne les trouble. La grande salle n'est pas seulement consacrée aux combats, elle sert encore aux fêtes et aux solennités des S. C., telles que repas de réceptions ou d'adieux (Commers), ainsi qu'à la grande « bouverie » de bière mensuelle (Bierhock).

Bien que je n'aie ici d'autre but que de faire le récit exact de quelques duels, je ne puis me dispenser de rappeler, dans l'intérêt même des précautions à prendre pour éviter des malheurs, combien il est désirable que les braves enfants des Muses puissent régler, comme ils l'entendent, leurs démêlés intimes, sans être dérangés. Malgré toute la peine et l'activité que les autorités ont déployées déjà et déploient encore, dans beaucoup d'endroits, pour empêcher les duels, malgré les gémissements de nombre d'âmes philistines à leur sujet, frère Studio n'entend pas se laisser ravir une si noble distraction, elle est trop étroitement liée aux idées et au point d'honneur des étudiants.

Prenons, par exemple, une ville d'Université où la police poursuit avec un zèle infatigable les duels, pour remettre les délinquants aux mains de la justice. En un lieu convenable de la forêt, où l'on croit être en sûreté, un premier duel a eu lieu ; un deuxième couple vient de s'équiper pour imiter le premier, tandis que le docteur s'apprête à panser l'une des parties qui a reçu une large blessure à la tête; outre quelques veines, une artère est atteinte. Tout à coup quelqu'un crie : La police! Malgré les guetteurs, elle n'est qu'à deux pas.

Pour ne pas être pris, aussi bien que pour se soustraire à l'amende et à la prison, tout le monde, y compris le blessé, saute en voiture avant que le médecin ait pu commencer aucun pansement, et on se sauve. La police, à cheval ou en voiture, se précipite à la poursuite des fuyards et commence avec eux, une course folle, qui dure souvent des heures. Alors que deviennent par le froid, le chaud, la pluie, les blessures du patient secoué, cahoté dans les mauvais chemins ? Elles empirent, mais lui aime encore mieux cela que se laisser mettre la main dessus.

Retournons à la Gorge-aux-Cerfs.

Un peu avant l'heure convenue, les corporations d'étudiants arrivent, précédées de leurs bannières, à pied ou en voiture, après avoir passé le vieux pont. Considérons-nous comme invités et entrons. Nous voici d'abord, après avoir monté l'escalier jusqu'au premier étage, dans la salle consacrée au dieu Mars. Nous pénétrons ensuite dans la chambre aux équipements, où de grandes armoires contiennent les différents « bandages », équipements et armements de batailles. En face de l'une d'elles se trouve le docteur J...., médecin des duels depuis quelque quatre-vingts semestres, en train d'arranger sa trousse et de préparer ses pansements. C'est un vieil original tenant toujours quelque saillie en réserve, et disposé à accabler de ses plaisanteries, bonnes ou mauvaises, les Messieurs qui lui tombent entre les mains, soit qu'il doive les accommoder pour le combat, soit qu'il exécute quelque réparation à leurs têtes.

Après avoir traversé la chambre aux équipements, nous arrivons dans la salle où les duels doivent avoir lieu. Rien ne l'indique, si ce n'est de nombreuses armes de duel (Mensurspeere) que l'appariteur du S. C. dispose à l'avance, deux par deux, sur des bancs, près de l'un des murs de la salle.

A environ trois mètres de ces bancs, deux chaises solides, placées l'une en face de l'autre, sont destinées aux deux adversaires pour qu'ils y prennent place avant d'aborder la mesure, ou s'y reposent. Contre le mur faisant face au premier, à l'autre extrémité de la salle, se trouve le buffet. Les étudiants qui ne sont pas directement intéressés aux duels du jour, sont répartis près des tables le long des autres murs ; ils boivent largement et, pendant les pauses toujours longues, occupent leurs loisirs à jouer aux échecs ou à l'inévitable " skat", sorte de jeu de cartes.

Pour aujourd'hui, trois parties sont arrangées. C'est d'abord une affaire de nouveaux (Fuchsmensur, duel de renards, rousseaux, étudiants de première année). Après quoi se mesureront deux des meilleurs tireurs du S. C. Enfin nous assisterons à « un champ clos » (Contrahage), duel sérieux, entre deux étudiants ne portant pas de couleurs « flâneurs, irréguliers » (Bummler) ; s'ils négligeaient tout à fait d'en prendre, on les nommerait : « sauvages » (Wilden).

Retournons dans la première pièce pour voir faire les apprêts. Le docteur est en train d'ajuster à l' « alezan brûlé » (Brand-Fuchs) qui est devant lui, dévêtu jusqu'à la ceinture, l'axillaris ou tampon d'aisselle, consistant en une solide matelassure de soie, qui a pour but de protéger la grande artère du creux de l'aisselle. Le bandage de cœur, dont le nom suffit à indiquer l'usage, est déjà en place et assuré par une forte chemise de toile. Le bras est ensuite entouré de draps de soie ; par-dessus on chausse une manche confectionnée de la même façon que le bandage axillaire. Puis on met le gant renforcé de chaînettes d'acier, et un bandage pour la protection des parties génitales. Le pantalon de duel en cuir, tout maculé du sang qui a coulé dans de nombreux assauts, qui couvre le combattant depuis la poitrine jusqu'aux genoux, est ensuite passé. Vient le tour du bandage de cou, ou col, et celui des lunettes, soigneusement assujetties. On termine par le bonnet de soie, fortement rembourré, qui porte les couleurs de la corporation.

Les champions, que voilà en grande toilette, se rendent à leurs places, accompagnés chacun de son introducteur (Schleppfüchsen, celui qui traîne les rousseaux), qui doit, tant que le combat n'a pas commencé, soutenir horizontalement le bras équipé de son client, afin de lui épargner de la fatigue. Près des introducteurs, se tiennent les " Testants " gantés, pour ne pas maculer, en les redressant, les lames tordues par les coups.

L'arbitre, au jugement duquel tous ceux qui auront pris directement part au duel devront se soumettre sans appel, prend en main sa montre, son carnet et son crayon, pour noter le nombre des « sangs » et la durée des reprises. S'étant établi, il annonce que l'affaire va commencer, en faisant le commandement habituel : Silentium! Le second, désigné à cet effet, commande : A vos mesures! et les combattants se placent à la distance voulue. Le second met le pied droit contre le pied gauche de son client et tient suspendue devant lui la « latte à seconder » (Secundirprügel); le haut de son corps est cambré en arrière à gauche. Pour sa propre protection, il est pourvu du bonnet et du crispin.

Tous les assistants se sont levés de leurs places et le cercle (Corona) se forme autour des combattants qui vont montrer aujourd'hui, pour la première fois, quelles espérances on peut fonder sur eux.

Aux commandements suivants : Attention! Allez! les deux seconds abaissent les pointes de leurs lames et la première reprise commence. On examine les deux tireurs. Ils se sentent encore très mal à leur aise dans leur raide équipage de combat. Quelques coups hauts sont échangés qui, s'ils avaient touché, n'auraient pas facilement traversé le bonnet. Mais, de crainte d'erreur, les seconds ont bondi aussitôt entre les combattants en commandant : Halte! L'un d'eux crie : Je prie Monsieur l'arbitre de vérifier. Je l'en prie aussi, ajoute l'autre second. Naturellement l'arbitre fait son devoir, mais, avec la meilleure volonté du monde, il ne peut découvrir aucune trace de sang.

Le commandement : A vos mesures ! Attention ! Allez ! retentit de nouveau, et Messieurs les rousseaux commencent à s'échauffer. L'un se risque à un coup bas qui, naturellement à la plus grande joie de la " Corona ", eût apporté des dommages à la région du ventre de celui qui l'a reçu, sans le pantalon qui le protège. Les seconds bondissent encore en avant en criant : Halte ! Un de ces Messieurs s'est, il faut le dire, laissé prendre par son co-second sur le fait de détourner de son client une quarte horizontale superbement appliquée, et cela lui est « coché », sur le rapport de son co-second, et après constatation de l'arbitre.

Le combat continue, mais l'un des seconds s'étant fait cocher trois fois, doit se retirer et être remplacé par un autre. Toute la " Corona " suit avec le plus palpitant intérêt les mouvements des deux tireurs et ne ménage pas ses témoignages d'approbation quand l'un d'eux fait preuve d'adresse. Bientôt les quinze minutes d'usage sont écoulées ; l'arbitre commande : Silentium ! Cessez le combat ! (Paukerei ex !), et les combattants se retirent. Grâce aux bonnets et à l'habileté de leurs seconds, les deux champions en sont quittes pour de « minimes sangs » (minimalen Blutungen), occasionnés généralement par des coups où la lame a tourné. Un emplâtre du docteur suffira à les guérir.

Ici, je remarquerai que ce n'est que dans les duels d'étudiants de première année que les seconds ont leur place en arrière et à gauche de leurs clients, et que c'est dans ce cas seulement que le détournement des coups est en usage. Dans toutes les autres affaires, on combat avec des seconds « éloignés », lesquels se placent alors à la gauche de leurs clients, mais l'un en face de l'autre perpendiculairement à la ligne de mesure ou de combat. Cela s'appelle seconder, par-dessus le croisement des armes (über's Kreuz).

La pause n'est pas longue. Deux étudiants (Bursche), deux « gaillards » qui se sont déjà « mesurés » plus d'une fois et dont le duel est attendu depuis plusieurs jours avec une vive curiosité, font leur entrée. C'est d'abord un gaucher, trapu, bien musclé, aux yeux perçants, avec des poignets souples et vigoureux, ayant tout ce qu'il faut à un bon tireur. Son adversaire, un droitier accompli, le dépasse de la tête; il a également une très bonne vue. A la force supérieure du premier, il peut opposer une plus grande longueur de bras, ce qui pèse d'un poids considérable dans la balance.

Aussitôt que les deux champions, leurs seconds, etc. et l'arbitre sont à leurs places, l'affaire d'honneur commence. Au commandement : A vos mesures! Attention! Allez! les deux adversaires s'avancent en garde libre; mais avant qu'un coup ait pu être échangé entre eux, les seconds ont bondi en jetant le commandement de : Halte! et le combat ne se rouvre que sur un nouveau commandement. Les coups tombent dru comme grêle, de sorte qu'un œil mal exercé peut à peine suivre les évolutions des lames qui sifflent; mais le combat n'est pas pour cela sans plan; au contraire, chaque mouvement est calculé de manière à jeter l'adversaire dans quelque distraction et à provoquer ainsi des découverts. Tous les moyens à la disposition d'un bon tireur sont employés, et les deux combattants savent, avec une habileté égale, en tirer parti dans l'attaque et la défense. La première reprise se termine sans résultats et la deuxième commence.

Après différents coups, quelque chose passe en bourdonnant au-dessus des têtes des spectateurs; aussitôt les seconds se jettent entre les combattants au cri de : Halte! Une lame a sauté! C'est vrai, le gaucher tient à la main sa rapière brisée, tandis que le droitier en a reçu une estafilade (Schmiss) assez sévère.

Mais elle est déclarée ne pas être « selon la règle » (incomment-mæssig), à cause de la façon dont elle a été produite. Le docteur arrive avec de l'amadou, car le sang perle, et aussitôt que l'appariteur du S. C. a donné une autre arme au gaucher, le combat reprend. Après quelques phrases, un coup de temps du droitier coupe la courroie qui attache les lunettes du gaucher. de sorte que celles-ci tombent; en même temps le gaucher a été touché au sang. mais la blessure n'est que légère. grâce à la courroie. Naturellement la reprise est interrompue. comme précédemment. par les seconds, et il s'ensuit une pose assez longue, pendant laquelle le docteur ajuste une autre paire de lunettes.

Le combat reprend et il survient quelques nouveaux « sangs ». Finalement, les quinze minutes étant écoulées, l'arbitre met un terme à cette très intéressante partie par les commandements : Silentium ! Cessez le combat ! Alors l'attention de la " Corona ". qui ne s'était pas relâchée un seul instant, se transforme en un murmure d'approbation. et de tous côtés on échange des remarques sur la perfection du jeu des deux tireurs.

L'affaire suivante, la dernière, présente au S. C. un intérêt d'autant plus vif qu'elle est de celles où renaît sans cesse la question : Ces Messieurs, étudiants non incorporés, vont-ils se battre avec « chic », crânement, se bien tirer du sang (schneidig fechten)?

Celui qui se montrera à son avantage recueillera aussitôt des marques d'approbation et d'estime, même s'il vient à recevoir une estocade, ce qui peut arriver au meilleur tireur du monde.

Les deux Messieurs qui doivent se battre aujourd'hui, étaient les meilleurs amis qu'il fût possible de trouver. Un de ces derniers jours, en rentrant chez eux, ils s'échauffèrent si fort à propos d'une différence d'opinion, que l'un d'eux se laissa emporter au point de traiter l'autre d' « imbécile » (dummer Jung), injure qui, chez les étudiants, équivaut à un soufflet (Tusch), et ne peut manquer d'être suivie d'une provocation à un duel, sans bonnets ni seconds (Schlæger ohne Mützen), jusqu'à une issue décisive, c'est-à-dire jusqu'à ce que l'on soit obligé d'emporter l'un des deux combattants.

L'agresseur s'était déjà battu une fois et avec succès; mais, depuis quelques temps, son assiduité à la salle d'armes se ralentissait, parce qu'après avoir passé quelques semaines à s'amuser, il était obligé de se remettre sérieusement à l'étude.

L'offensé, au contraire, s'était, dans les derniers temps, adonné avec beaucoup de zèle à l'escrime, et voyait venir avec calme le moment de mettre ses connaissances à profit.

Cela ne lui était pas désagréable; cependant il eût mieux aimé se battre contre quelqu'un avec qui il n'aurait pas été aussi lié; mais, en réfléchissant à la notoriété déjà acquise par son adversaire, qui contribuait à le mettre en vue, lui nouveau venu, il se félicitait de l'assiduité qu'il avait apportée aux leçons.

Le médecin, après avoir pansé les blessés et les avoir remis aux soins des rousseaux, s'occupe d'ajuster bandages et lunettes aux combattants qui vont entrer en ligne. Naturellement, avec son entrain ordinaire, il ne peut s'empêcher de les exhorter à la réconciliation, dès que l'honneur sera satisfait, car il sait en quelle bonne intelligence ils ont vécu.

La cérémonie de l'application des bandages, aussi bien sur les autres que sur soi, éveille toujours un sentiment désagréable. Le soin avec lequel on enveloppe le cou, le bras, l'aspect des taches de sang dont est couvert le pantalon dans lequel on vous introduit, les lunettes, produisent fatalement, chez le « nouveau », un plus ou moins grand serrement de cœur, dont les anciens ne se gênent pas pour sourire. Pourtant il s'agit de se reprendre, de s'armer du sang-froid nécessaire, car voilà l'introducteur, avec sa bouche en cœur et sa politesse exquise, qui se présente pour remplir son office.

Les deux duels précédents étaient à « limitation » (Bestimmungs-Mensuren). Dans celui-ci, au cas où l'un des adversaires n'aurait pas encore été blessé (abgestochen) pendant la durée maximum de quinze minutes fixée pour les « champs clos » d'étudiants de la corporation entre eux ou d'étudiants sans couleurs venus pour y chercher leurs armes, le combat devra continuer jusqu'à une « issue », c'est-à-dire jusqu'à ce que l'un des deux combattants ait été sérieusement blessé. Tout au plus l'une des deux parties, pour cause de fatigue ou de battements de cœur, aura-t-elle droit à une « suspension », ou bien, après vingt-cinq minutes, à offrir « satisfaction ».

Les combattants sont déjà face à face. Le commandement éclate, ils s'avancent. A cause des bandages auxquels ils ne sont pas habitués, c'est d'abord avec lenteur qu'ils se portent les coups; mais peu à peu leur jeu s'anime et, après quelques phrases, ils paraissent tout à fait à leur aise. L'émotion inévitable a disparu, de chaque côté il y a plusieurs « sangs », peu graves, mais fournissant la preuve que les découverts ont été saisis.

Toutefois, l'un des champions, celui qui a déjà combattu, rendu imprudent par ses précédents succès, se laisse aller à négliger les règles de l'escrime, et il ne se passe pas longtemps avant que son adversaire, en lui appliquant une rapide riposte en quarte haute, ne mette fin au combat. Silentium! Le combattant de la X^{ia} est blessé! s'écrie l'arbitre.

Après ce troisième duel, le rôle du médecin commence sérieusement. Quant à nous, nous nous soustrayons à la lourde atmosphère de la salle, après avoir pris congé de nos hôtes, et c'est par le chemin des Philosophes, à travers les riantes prairies d'où la vue embrasse un admirable paysage, que nous regagnons la ville arrosée par le Neckar.

La planche montre la salle de combat de la Hirschgasse en 1883 pendant le second duel. Elle a été faite d'après une photographie instantanée, prise au moment où le droitier porte une tierce haute, que le gaucher pare très habilement. Dans le fond, entre les deux combattants, est l'arbitre ; à leur gauche et à leur droite, les deux seconds ; directement en arrière, et près d'eux, les " Testants ". Le groupe principal est entouré par la " Corona ", où l'on distingue le docteur. On remarquera la place qu'occupe le second du gaucher. Les combattants sont complètement couverts de bandages, les lunettes ont été supprimées pour ne pas défigurer les têtes.

TABLE DES MATIÈRES

	Pages.
Avant-propos.	v-xx

L'ESCRIME A LA RAPIÈRE

LES ARMES ET LES ÉQUIPEMENTS

LES RAPIÈRES :

1. Conditions que les rapières doivent remplir.	1
2. La lame.	2
3. La monture à cloche.	3
4. La monture à panier.	4

LES ÉQUIPEMENTS PROTECTEURS :

5. Objet et espèce des équipements.	6
6. Équipements de salle d'armes.	6
7. Équipements de duel.	9

L'INSTRUCTION

LES PRÉLIMINAIRES :

8. Progression et commencement de l'instruction.	11
9. Divisions de la lame.	12
10. Tenue de la rapière à cloche.	13
11. Tenue de la rapière à panier.	13
12. Position du tireur.	13
13. De la garde.	17
14. La mesure ou distance.	22
15. Marcher, rompre et volter.	25

	Pages.
16. La fente..	26
17. Divisions de la tête considérée comme objectif des coups...	28

LES COUPS :

18. Observations générales.............................	30
19. La prime...	31
20. Du fouettement.......................................	33
21. La tierce haute.......................................	34
22. La quarte haute......................................	36
23. La quarte horizontale..............................	40
24. La quarte basse......................................	42
25. La seconde...	44
26. La tierce basse.......................................	47
27. La tierce horizontale et la tierce d'occiput........	48
28. Le refus de l'épaule gauche........................	51

LES PRINCIPES DE L'ENGAGEMENT :

29. Couvertures et variations.........................	52
30. Couverture et variation en tierce haute........	54
31. Couverture et variation en prime................	57
32. Couverture et variation en quarte haute......	57
33. Couverture et variation en quarte horizontale et en quarte basse.......................................	61
34. Couverture et variation en tierce basse et en seconde.	62
35. Examen comparatif des deux sortes de rapières.....	66

LES PARADES :

36. Des parades en général............................	70
37. Parade de la quarte haute et de la quarte horizontale.	73
38. Parade de la prime ou coup de tête.............	77
39. Parade de la tierce haute.........................	78
40. Parade de la seconde et de la tierce basse......	82
41. Parade de la tierce horizontale et d'occiput....	88
42. Parade de la quarte basse.........................	89

LES FEINTES :

	Pages.
43. Objet des feintes........................	91
44. Les feintes simples et leurs parades...............	92
45. Les feintes doubles........................	93
46. Les feintes en cercle..	94

LES RIPOSTES :

47. Du coup initial et de la riposte en général.........	96
48. Les ripostes admises par la coutume, après une attaque en quarte haute de droitier, D, contre droitier, D'.............................	98
49. Première riposte : en quarte haute sur la lame; D, D'.	99
50. Parade de la première riposte; D, D'.............	100
51. Deuxièmes ripostes : en quarte haute, quarte basse et quarte horizontale, sous la lame; passages; D, D'.	100
52. Parades des deuxièmes ripostes; D, D'............	102
53. Troisième riposte : en tierce haute; D, D'..........	105
54. Parades de la troisième riposte; D, D'............	105
55. Les ripostes admises par la coutume, après une attaque en quarte haute de gaucher, G, contre droitier, D.................................	106
56. Première riposte : en tierce haute sur la lame; G, D.	106
57. Deuxièmes ripostes : en tierce haute et en tierce horizontale sous la lame; G, D....................	107
58. Parades des premières et deuxièmes ripostes; G, D.	107
59. Troisièmes ripostes : en tierce basse ou en seconde; G, D....................................	108
60. Parades des troisièmes ripostes; G, D	108
61. Quatrièmes ripostes : en prime et quarte haute; G, D.	108
62. Parades des quatrièmes ripostes; G, D............	109
63. Les ripostes admises par la coutume, après une attaque en quarte horizontale de droitier, D, contre droitier, D', ou de gaucher, G, contre droitier, D.	109
64. Les ripostes admises par la coutume, après une attaque en tierce haute; D, D' et G, D	109

Pages.

65. Les ripostes admises par la coutume, après une attaque en prime ; D, D' et G, D.............. 110
66. Les ripostes de toutes sortes, sans tenir compte de la coutume.................................... 110

LES DEMI ET LES DOUBLES COUPS :

67. Les demi-coups ou coups d'amorce............... 113
68. Le troisième coup dans la phrase................. 114
69. Les doubles coups ou doublés 116
70. Doublé : Quarte haute, quarte haute........ 117
71. Doublé : Tierce haute, tierce haute............... 117

LES COUPS DE TEMPS :

72. Définitions et divisions........................... 118
73. Les coups pendant le temps...................... 119
74. Les coups dans le temps 122
75. Les coups à contre-temps 123
76. Série d'exercices : Coups à contre-temps sur doubles coups 137
77. Série d'exercices pour apprendre à se défendre des coups dans le temps et à contre-temps, droitier contre droitier.................................. 138
78. Série d'exercices pour apprendre à se défendre des coups dans le temps et à contre-temps, gaucher contre droitier.................................. 144
79. Coups à contre-temps sur le troisième coup de la phrase 145
80. Série d'exercices : Coups à contre-temps sur le troisième coup de la phrase, droitier contre droitier. 148
81. Série d'exercices : Coups à contre-temps sur le troisième coup de la phrase, gaucher contre droitier. 148

L'ASSAUT

RÉPARATION A L'ASSAUT :

82. Progression à suivre. Prise de mesure............ 151
83. Cinq leçons d'assaut pour droitier, D, contre droitier, D'. 153

		Pages.
84.	La quarte en croc	155
85.	Les gauchers. Placement des seconds	158
86.	Cinq leçons d'assaut pour gaucher, G, contre droitier, D	159
87.	Autre manière de revenir en garde pointe abattue, après un coup de temps, ou une parade pointe haute, de l'adversaire	161

PRATIQUE DE L'ASSAUT :

88.	Observations et conseils	162
89.	Assaut de droitier, D, contre droitier, D′	163
90.	Assaut de gaucher, G, contre droitier, D	166

L'ESCRIME AU SABRE COURBE OU DROIT

LES ARMES ET LES ÉQUIPEMENTS

91.	Caractères de l'escrime en garde pointe haute, avec des armes courbes ou droites	171
92.	Les armes	172
93.	Les équipements	174

L'INSTRUCTION

LES PRÉLIMINAIRES :

94.	La position	175
95.	La garde, pointe haute	175
96.	La mesure ou distance	177
97.	Marcher, rompre, traverser, volter	178
98.	La fente	179
99.	Divisions de la tête. Autres parties vulnérables	179

LES COUPS : Pages.

100. Direction des coups, dans la garde pointe haute, avec les armes à lames droites 182
101. Les engagements des différents coups avec les armes à lames courbes ou demi-courbes 182
102. La tierce haute 183
103. La quarte haute et la quarte horizontale 184
104. La seconde et la tierce basse.................... 186
105. La prime ou coup de tête, la quarte en croix et la tierce en croix 187
106. La quarte basse.... 188

LES PARADES :

107. Observations générales 189
108. Parades de la tierce haute et de la tierce en croix.... 190
109. Parade de la quarte haute et de la quarte en croix ... 192
110. Parade de la seconde............................. 194
111. Parade de la prime........ 195
112. Parade de la quarte basse...................... 197
113. Parade de la tierce basse...................... 198
114. Parades de la tierce et de la quarte horizontales..... 199

LES FEINTES :

115. Usage des feintes................................ 200
116. Feintes simples, doubles, et leurs parades.......... 200
117. Les feintes en cercle........................... 201

LES RIPOSTES :

118. Exercices de ripostes 201
119. Parade des ripostes........ 203
120. Échapper la parade............................ 204

LES DEMI ET LES DOUBLES COUPS :

121. Emploi des demi-coups ou coups d'amorce pour ouvrir la phrase................................... 206
122. Emploi des doubles coups. Exemples............. 208

LES COUPS DE TEMPS ET LES BALAFRES :

	Pages.
123. Contre-temps et temps du pied..................	209
124. Exercices sur les coups de temps................	209
125. Les tailles ou balafres.........................	213
126. Tailles par l'attaque en tierce ou en quarte, étant en garde pointe haute...........................	213
127. Tailles tenant lieu de ripostes après des parades hautes...	215
128. Tailles à contre-temps contre tous les coups de l'adversaire...	218

L'ASSAUT

129. Rappel des principes. Deux leçons pour l'assaut....	221
130. Observations sur l'assaut et le duel...............	223

DUELS D'ÉTUDIANTS

Duels d'étudiants. Matinée du *** 1883 à la Hirschgasse....	229
Explication de la planche du duel.......................	239

LIBRAIRIE MILITAIRE DE L. BAUDOIN

30, RUE ET PASSAGE DAUPHINE, PARIS

MANUEL
POUR
L'ÉTUDE DES RÈGLES DE L'ESCRIME
AU FLEURET ET A L'ESPADON
PAR **SIEVERBRUCK**

Paris, 1860, 1 vol. in-4° avec figures . . . . 8 fr.

TRAITÉ
DE
L'ART DES ARMES
A L'USAGE
DES PROFESSEURS ET DES AMATEURS
PAR **LABOËSSIÈRE**

Paris, 1818, 1 vol. in-8° avec 20 planches . . . . . . 7 fr.

THÉORIE
DE
L'ESCRIME SIMULTANÉE
PAR **Bertrand LOZÈS**
Ex-professeur aux Ecoles polytechnique, d'état-major, etc.

Paris, 1862, broch. in-18, illustrée de figures faites d'après nature. 1 fr. 50

MANUEL D'ESCRIME
APPROUVÉ PAR M. LE MINISTRE DE LA GUERRE, LE 18 MAI 1877

Paris, 1889, 1 vol. in-18 avec figures, cartonné . . . . . 60 c.

TRAITÉ D'ESCRIME
(POINTE)
PAR **MILLOTTE**, lieutenant d'infanterie.

Paris, 1864, broch. in-18. . . . . 1 fr.

LIBRAIRIE MILITAIRE DE L. BAUDOIN, RUE DAUPHINE, 30

DE L'ESCRIME A LA BAIONNETTE

OU

Instruction pour l'emploi du fusil d'infanterie comme arme d'attaque et de défense

Par **SELMNITZ**, Capitaine de l'armée saxonne

Traduit de l'allemand par J.-B.-N. **MERJAY**, Officier de l'armée belge

Paris et Bruxelles, s. d. (1840), in-12 avec 4 planches contenant 12 fig. 3 fr.

INSTRUCTION POUR L'ENSEIGNEMENT PRÉPARATOIRE

DE

L'ESCRIME A L'ÉPÉE

SUIVIE DU

Règlement provisoire pour l'organisation de l'enseignement gratuit et obligatoire
de l'escrime dans l'armée, 28 avril 1872, modifié par la circulaire du 7 décembre 1872

Paris, 1875, broch. in-18 avec planches. 50 c.

MANUEL DE GYMNASTIQUE

GYMNASTIQUE D'ASSOUPLISSEMENT ET GYMNASTIQUE APPLIQUÉE
NATATION, BOXE FRANÇAISE, BATON ET CANNE

Approuvé par le Ministre de la guerre, le 1ᵉʳ février 1893

Paris, 1888, 1 vol. in-18 avec un gr. nombre de figures, cart. toile. 1 fr. 25

L'AGONISTIQUE

JEUX ACTIFS, EXERCICES AMUSANTS

Par le Général **LEWAL**

(Premier Prix du ministère de l'Instruction publique dans le Concours BISCHOFFSHEIM)

Paris, 1890, 1 vol. in-12 avec une planche. 2 fr.

TRAITÉ

DE LA

CONDUITE EN GUIDES ET DE L'ENTRETIEN DES VOITURES

Par le Commandant **JOUFFRET**

Paris, 1889, 1 vol. gr. in-8 avec 62 figures . . . . . . 5 fr.

LIBRAIRIE MILITAIRE DE L. BAUDOIN, RUE DAUPHINE, 30

TRAITÉ D'ÉQUITATION
(ILLUSTRÉ)

Précédé d'un Aperçu des diverses modifications et changements apportés dans l'Équitation depuis le XVIe siècle jusqu'à nos jours

SUIVI

d'un Appendice sur le Jeune Cheval, du Trot à l'anglaise et d'une Lettre sur l'Équitation des Dames

Par le Comte **D'AURE**

Ancien Écuyer Cavalcadour de L.L. MM. Louis XVIII, Charles X et Napoléon III
ancien Écuyer en chef de l'École de cavalerie de Saumur.

CINQUIÈME ÉDITION

Paris, 1893, 1 beau vol. gr. in-8° avec portrait, planches et figures.   10 fr.

ÉQUITATION DES DAMES
Par M. le Comte de **MONTIGNY**

DEUXIÈME ÉDITION avec trois eaux-fortes, par John LEWIS BROWN

Paris, 1878, 1 vol. gr. in-8°. . .   8 fr.

Écuyers et Cavaliers
AUJOURD'HUI ET AUTREFOIS

Par M. le Baron **D'ÉTREILLIS**

Paris, 1887, 1 vol. in-8 (tiré à 420 exemplaires numérotés)
avec 10 planches gravées à l'eau-forte.   10 fr.

ÉQUITATION
Par le Commandant **BONNAL**

Paris, 1890, 1 vol. gr. in-8 avec figures et planches. . . .   6 fr.

COURS D'HIPPOLOGIE
A L'USAGE
DE MM. LES OFFICIERS DE L'ARMÉE

*de MM. les Officiers des Haras, les Vétérinaires,
les Agriculteurs et de toutes les Personnes qui s'occupent des Questions chevalines*

Adopté pour l'enseignement hippologique dans l'armée par décision ministérielle du 1er juin 1863

Par **A. VALLON**

Vétérinaire principal, Professeur d'hippologie et Directeur du haras de l'École de cavalerie

4e Édition. Paris, 1884, 2 vol. in-8 avec planches et figures.   14 fr.

LIBRAIRIE MILITAIRE DE L. BAUDOIN, RUE DAUPHINE, 30

ÉCOLE DU CAVALIER
A PIED — A CHEVAL

TEXTE extrait du Décret du 31 mai 1882, REVISÉ ET COMPLÉTÉ jusqu'au 1er décembre 1893

ILLUSTRATIONS

PAR

le Capitaine **L. PICARD** et le Docteur **G. BOUCHARD**

Paris, Décembre 1893. 1 beau vol. gr. in-8°

avec **83 PLANCHES** comprenant plus de **200** figures démonstratives d'après nature.

Prix : broché, 10 fr.; cartonné toile, 13 fr.

Le Cheval comme il le faut

Quelle qu'en soit la race, quel que soit le service auquel on le destine

PAR **Paul BASSERIE**

ancien Colonel de cavalerie et des remontes, ancien Membre du Conseil supérieur des haras
Commandeur de la Légion d'honneur.

Paris, 1891, 1 vol. in-12 avec nombreuses fig., broché, 4 fr.; cartonné, 5 fr.

L'ÉLEVAGE
L'ENTRAINEMENT ET LES COURSES

Au point de vue de la production et de l'amélioration des chevaux de guerre

AVEC UNE

Étude médicale sur l'embonpoint et les moyens rationnels de le combattre, par le Dr H. LIBERMANN

PAR **F. MUSANY**

Paris, 1890, 1 vol. in-8°. . . . . 4 fr.

TRAITÉ D'ÉQUITATION

PAR **F. MUSANY**, de la *France chevaline*.

Cours élémentaire. Paris, 1888, 1 vol. in-8° avec 78 figures dessinées spécialement
pour l'ouvrage par Frédéric RÉGAMEY . . . . 4 fr.

Cours supérieur (HAUTE ÉCOLE). Paris, 1888, 1 vol. in-8° avec 122 figures également par Frédéric RÉGAMEY . . . . 7 fr.

NOUVEL ABRÉGÉ D'ÉQUITATION

PAR

Ch. BONNAN, CAPITAINE D'ARTILLERIE

Paris, 1892, 1 vol. in-8° avec 66 figures de Henri GERMAIN. 3 fr.

PARIS. — IMPRIMERIE L. BAUDOIN, 2, RUE CHRISTINE.

www.ingramcontent.com/pod-product-compliance
Lightning Source LLC
Chambersburg PA
CBHW050327170426
43200CB00009BA/1485